マイノリティの「つながらない権利」

ひとりでも生存できる社会のために

雁屋 優

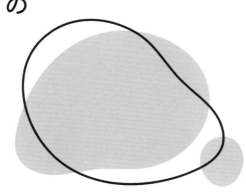

明石書店

はじめに

ここでもまた、コミュ力ですか

コミュニケーション能力、略してコミュ力。この本は、その言葉に反射的に忌避感を覚えたあなたに必要な書籍だ。そして、そんな忌避感なんて、微塵も想像できない、つながるのはいいことに決まっている、と信じて疑わないあなたにまったく異なる視点を提供する書籍でもある。

私は間違いなく前者に当たる。むやみやたらとコミュニケーション能力を求められる就職活動において、適性検査では受かるものの、面接で必ず落ちた。内定は一つも取れなかった。「適性検査では問題がないどころか、高得点だったのですが」から始まるお断りの言葉も頂いている。

適性検査の高得点でも補えないほど、コミュニケーション能力が低い人間なのだ。

コミュニケーション能力の定義には諸説あるが、円滑なコミュニケーションを行い、必要な情報や相手からの信頼を得る能力とでもしておこうか。相手からの信頼を得る――これが、私には難題だった。

相手の感情を感じ取れないので、言われたことのみを的確に受け取り、淡々と自分の意見を述べる。

そして、意見はそれなりに先鋭的であり、過激であった。相手の感情をないものとして扱い（あることはわかってもそれがどのようなものか感じる感覚器官が備わっていない）、尖った発言をしすぎる私と、進んで交流する人間は僅かだった。感情を無視されるどころか、逆撫でされることもあり、前提を共有できない私はお呼びでないらしかった。

私も人嫌いとしてある意味完成していたので、交友関係が狭いことを本気で気にしたことはない。必要な連絡が来るならば、仲間と思われなくてもよかったからだ。

とかくコミュニケーション能力を求められる場面から逃げてきた。話すことが苦手と自覚してからはテキストコミュニケーションを心がけ、交友関係も限定した。

外からは閉じているように見える私だったが、私にとっては外に向けて自分を開ける限界がそこだっただけの話だ。

そんな私だが、必要に迫られ、またしてもコミュニケーション能力と向き合う羽目になってしまうのだった。そうしなければならないと気づいたとき、私は何度目かの絶望を味わった。

コミュニケーション能力と向き合わされた理由は、私の数々のマイノリティ性に関係している。髪や目の色が薄く生まれる遺伝疾患、アルビノ。それに伴う弱視。発達障害の一つ、ＡＳＤ。うつ病。セクシュアルマイノリティ。

マイノリティ性のある人々が生きていくには、有益な情報を得ることが欠かせない。進学や就職の現実、日常生活を便利にしてくれるアイテム情報、病院の評判など、必要な情報は、多岐にわたる。特に、私にとって、アルビノや弱視の人々がどんな風に進学し、どんな職業に就いているか、また職場ではどのような合理的配慮がなされているかといった情報は、喉から手が出るほど欲しいものだった。

そのような情報が必要だと思ったのは中学二年生の頃だ。しかし、実際そういった情報を手にしたのは大学生になってから参加した、ある当事者会が主催する、アルビノの当事者（ここでは、何らかのマイノリティ性のある本人を指す言葉）の交流会でのことだった。

コミュニケーション能力が低い私だが、初めて参加したこの交流会は、楽しむことができた。運営してくださったスタッフの皆さまの力によるところが大きく、本当に感謝している。

しかし、このエピソードには、多くの問題点が含まれている。

マイノリティ性のある私が、生存に必要な情報を手に入れるのにかなり時間がかかっていること、そして何より、当事者コミュニティにアクセスしなければ、必要な情報を得られないことなどが問題点として挙げられる。

コミュニケーション能力が低い自覚があった私は、高校生の頃から当事者コミュニティの存在を知りながらも、アクセスを躊躇っていた経緯がある。センシティブなものを抱えている人のなかには、私のあり方が受け入れられないどころか、暗い気持ちを抱く人もいるだろうから。もちろんその暗い気持ちは私の責任ではないのだけど、場の空気が悪くなるリスクは確実にあった。本書の執筆にあたって知ったことだが、コミュニティへの参加に対する不安を会に伝えていれば、一対一のやり取りや関連記事のシェアなど、他の選択肢は用意できたそうだ。しかし、当時はそのようなことに思い至らず、コミュニティに参加しなければ必要な情報が得られないと思いこみ、勇気を振り絞って参加した。

参加したこと自体への後悔はない。この参加を通じて友人もでき、アルビノに関するさまざまな情報が入ってくるようになり、一人でいたのでは手に入れられない知識、情報を得た。それは私には楽しく、興味深いものに映った。

しかし、ここでも、コミュニケーション能力が低いことが足を引っ張った。話の構成が下手、緊張して話すことが出てこなくなる、かと思えば喋りすぎてしまう、相手の感情に対応する受容体を持たない、淡々ときついことを言う。

私の対面コミュニケーションの能力は、著しく低い。いつも、「書いた方がずっとうまく伝わる」と自覚しながら、口を動かしている。

コミュニケーション能力が私より高い人々は、私がコミュニケーションで躓いている間に、どんどん会話を広げていった。それを横で聞くことができたから、私も情報を得られたけれど、それは同時に、私は自力で会話を広げ、情報を共有してもらう能力が低いことを意味する。同じマイノリティ性を共有するアルビノの当事者が集まる場でも、結局はコミュニケーション能力次第なのか。

楽しかったはずの出会いに、そこはかとない絶望を覚えた。その後、私はライターとして仕事をするようになり、言葉を得た。

生存に必要な情報を得るのに当事者コミュニティへのアクセスがほぼ必須で、コミュニケーション能力次第でさまざまな差が生じている構造は、変えていくべきだ。

マイノリティ性のある人々は、生存のために当事者コミュニティにアクセスし、コミュニケーションを頑張って、必要な情報を手に入れなければならない。しかし、私のようなコミュニケーションが不得手なマイノリティ――発達障害の特性の一つにもコミュニケーションの苦手さがある――の人々にとって、それは酷だ。

情報が欲しいだけなのに、つながることもセットでついてくる。情報単品で欲しいのだが、現状それは難しいようだ。

今、マイノリティの人々は、つながることを〝強いられている〞側面がある。ピアサポート（当事者による当事者のサポート）やセルフヘルプグループ（当事者による当事者のサポートを行うための団体）といった概念が注目されつつあるなか、マイノリティは〝つながらなければならない〞のか、問い直したい。

なお、本書は二〇二二年七月から二〇二四年三月に「Ｗｅｂあかし」に連載された記事をもとに加筆修正を行い書籍化したものである。マイノリティの「つながらない権利」の概念が拡張していく過程の記録として、連載時の記載を意図的に残した箇所もある。その旨をご理解いただき、読み進めていただけると嬉しい。

マイノリティの「つながらない権利」◎目次

第3部　解決編

第1部　問題提起編

1　当事者コミュニティに参加できない／したくない理由

当事者であると「認めたくない」から参加できない／したくない

当事者が自身のマイノリティ性をどう捉えているかは千差万別である。私自身、自分のマイノリティ性の全部を同じ感覚で捉えてはいない。先天性であるアルビノについては、視力を欲しがりつつも、ずっとそこにあるものとして受け止めているが、発達障害やうつ病の事実については、まだ認めたくない気持ちがある。私がどう考えていようと、私の脳はそうできているし、うつ病の状態にあるのだけれど、時々その事実から目を背けたくなる。

私が発達障害やうつ病と診断されたのは、二二歳の頃である。発達障害の検査から、診断が出るまでの間、心は千々に乱れたことを今も鮮明に覚えている。

弱視というハンデがありながらも、一般校、それも進学校と呼ばれる部類の高校を卒業し、国立大学理学部に現役で進学、卒業した二二歳の私は、学業における優秀さが自身のアイデンティティの多くを占めている状態だった。だからこそ、卒業研究の最中に心身のバランスを崩したときに、「優秀でないなら死んでしまいたい」と頻繁に口にしたのだろう。

卒業研究を頑張る気力もどこかへ消えた自分が、優秀でない状態を脱するには、死ぬのが一番手っ取り早く、合理的な手段だったのだ。そうして、緩やかに死へと向かった。「学業における優秀さだけが価値ではない」「私はあなたに生きていてほしい」といった周囲の友人や先輩の言葉は、私の耳には届かなかった。

そんな風なので、当時、私は発達障害がある人のことを、心のどこかで、「できない人」だと見下していた。精神障害者保健福祉手帳を取得するなどして、「できない人」にカテゴライズされたくなかった。優秀な私でいたかった。

だけど、何だかよくわからないやりにくさ、気づかずに失敗する不思議な現象に名前をつけて、それが何なのかを知り、そのやり過ごし方を教えてもらい、配慮されたかった。優秀な私でなくなってもいいから、生きやすくなりたかった。不定形で不明瞭な生きづらさがそこにあった。生きづらさからくる不安は、周囲への嫉妬や敵意へと次第に形を変えていった。

今考えれば、こんな考えは差別と偏見に満ちている。まず、発達障害当事者は、「できない人」ではない。世間一般で取られている方法の効果が薄く、違うやり方が適している人々だ。

そして、発達障害の診断があろうとなかろうと、私の状態は変わらずそこにあるのだから、特性を知り、方法を工夫していく必要はあったのだ。

執筆時点でも、発達障害のある自分や他の当事者への差別や偏見が消えたとは言い切れない。環境が変わって、発達障害特性による困難が増せば、劣等感はまた顔を出すだろう。

障害者と公に認定されることになる、手帳の取得に対する抵抗感は、障害者としてこの社会にあることの実際の不利だけでなく、保護者や自身のなかにある差別や偏見からも来ていることが多い。

そして、ここで大事なのは、当事者が自身や他の当事者への差別感情を抱く可能性は十分にあることだ。特に、当事者性を自覚したばかりの人にそのような傾向が見られるのは、多くの当事者から聞く話だ。

自分で自分を差別していたり、他の当事者を差別したりしている段階で、当事者コミュニティにアクセスするのはおすすめできない。当事者コミュニティにやってくる人々は、差別されず、否定されない安全な場を求めて集うのだ。そこに差別感情を持ちこんでしまえば、トラブルが起きるのは火を見るよりも明らかだ。

なかには、自身や他の当事者を差別してしまう状態にある当事者を、「かつて自分も通った道だ」と思いながら諭してくれる、懐の深い当事者の方もいる。しかし、当事者コミュニティに集まるのは、そういった当事者だけではない。困難の渦中にある当事者も多くいる。そうした人々は、他の当事者からの差別感情に傷つけられ、それゆえに情報や当事者コミュニティから遠ざかってしまうリスクがある。

差別感情にとらわれたまま、当事者コミュニティにアクセスするのは、コミュニティの安全性の観点からできないし、するべきでない。

差別や偏見ゆえに、自分や家族が当事者であると認めたくない状態にあると、そもそも当事者コミュニティに参加したくないのだ。多くの当事者コミュニティが参加条件を当事者もしくはその支援者、関係者に限っているため、当事者コミュニティに参加することそれ自体が、自分や家族のマイノリティ性の自覚、再確認につながるからだ。

自分はセクシュアルマイノリティであるとか、障害者であるとか、そういったことを直視するのは、自身のマイノリティ性を認めたくない当事者にとって痛みを伴う。特に、元々あるマイノリティ性ではなく、大人になってから自覚した場合や、後天的にマイノリティ性を付与された場合は、それまでの自身の差別意識が鏡のごとく返ってくる。

発達障害特性を認められなかった私自身がそうだった。発達障害特性のある生徒を「自分には関係ない」と冷たい目で見下していた、学生時代の自分の視線が、自分の身を焼いた。

家庭内で、子どもが自身のマイノリティ性について話題にしにくい場合もある。遺伝するものだから、親を責めるようで、言い出しにくいというのだ。そうでなくても、現状でも心配をかけているのに、さらに心配をかけてしまうのではないか、といった不安から親とマイノリティ性について話し合ってこなかったし、当事者コミュニティに連れていってもらうなんて考えられない。そんな家庭もある。

また、親が子どものマイノリティ性から目を背けている場合もある。「そんなはずはない。うちの子はふつうだ」と言わんばかりに支援や情報、当事者コミュニティから遠ざかる。結果として、必要な情報が得られず、本人の困難が大きくなってしまうこともある。

当事者であると「認めたくない」から当事者コミュニティに参加できない／したくない人々にこそ、当事者コミュニティで得られる情報が必要なのもまた、皮肉な事実である。マイノリティ性があっても、案外生きていけるし、その方法があると知ることで、内面化された差別感情や絶望が少しずつ緩和されていくのだ。

この事実は、当事者コミュニティによる情報提供の限界を明確に示している。当事者であると「認めたくない」人々を当事者コミュニティに受け入れれば、その言動で他の当事者が傷つくリスクがあり、場の安全性が失われる可能性が高い。しかし、当事者であると「認めたくない」人々にこそ、生活の質（QOL）を向上させる情報が必要であり、その情報があることで、内面化された差別や偏見が和らいでいくことが期待できる。

つまり、当事者コミュニティにつながること以外の情報収集の手段が確立されないと、当事者であると「認めたくない」人々は身動きが取れなくなってしまうのだ。そして、身動きが取れなくなった人々の怒りや悲しみの矛先は、他の当事者に向かうこともある。不毛だが、現実としてある話だ。

地方在住／実家暮らしゆえにアクセスが困難

当事者コミュニティが万能ではないと考える要因の一つに、当事者の居住地が問題として挙げられる。東京や大阪といった大都市圏では、数多くの当事者コミュニティが存在し、定期的に交流会やイベントを開催している。大都市圏に住んでいれば、それらへのアクセスは容易だ。未成年であっても、「ちょっと遊びに行ってくる」と保護者に詳細を告げずに参加するのは可能である。

ところが、大都市圏から少しでも外れれば、当事者コミュニティへのアクセスの難易度は跳ね上がっていく。真っ先に思いつくのが、交通費と所要時間がかさむことだ。そして、それゆえに、そこまでして行かなくていいか、と当事者コミュニティにアクセスするモチベーションが下がる。これも想像は容易だろう。数百円、数駅でアクセス可能な場所に行くのと、数千円、ときには数万円、そして飛行機や新幹線、特急に乗らないとアクセスできない場所に行くのでは、まったく違う。後者では、気軽にアクセスするわけにはいかない。後者の場合、覚悟やその他の予定と抱き合わせるなどの工夫がいるのだ。

特に未成年の当事者の場合、アルバイト禁止の学校に通っている、保護者に明確な目的を告げずに遠出できないなどの事情もあり、大きな金額を動かして、遠出するのはかなりハードルが高い。すでにふれたように、未成年の当事者が、保護者に当事者コミュニティにアクセスしたいと伝えること自体にハードルのあるケースも存在する。地方在住で、保護者の協力を得られない未成年の当事者には、大都市圏にある当事者コミュニティへのアクセスはかなりの難問になる。

最近はそのような未成年の当事者のニーズに対応しようとしているのか、東京や大阪といった大都市圏だけでなく、全国各地で当事者コミュニティが活動をするようになっている。札幌、仙台、京都、新潟、長野、福岡など、全国各地の都市名を当事者コミュニティの公式サイトで見かけるようになった。そのことによって当事者コミュニティにアクセスできるようになった当事者も少なくないだろう。でも、そのやり方では、金銭的にも、当事者のアクセスの観点からも、限界があるのだ。

人口がある程度より少ない地域では、監視されているかのごとく、住民の一挙手一投足が他の住民に知られている、住民同士が皆顔見知りという事態が起こりうる。これを田舎のメリットと捉えるか、デメリットと捉えるかは人それぞれだろう。しかし、当事者コミュニティへのアクセスの観点からすれば、そのような状況は当事者を追い詰めるだけだ。

他の住民に当事者コミュニティへのアクセスを知られれば、自身のマイノリティ性をアウティング（本人の了承なく、セクシュアリティなどのマイノリティ性を他者に伝えること。絶対にやってはいけない）されるリスクがある。

そうした環境から来るリスクを恐れ、当事者コミュニティが容易にアクセス可能な場所まで来たとしても、アクセスが困難になることがある。それが、日本の地方に住む当事者を取り巻く状況の一つだ。

そんな折、新型コロナウイルスの感染拡大により、当事者コミュニティもオンラインへの対応を迫られた。結果、対面を大事にしてきた多くの当事者コミュニティが、Zoomをはじめとしたオンラインツールを用いるようになったのだ。

これは画期的だった。当事者コミュニティを運営する側も、アクセスする側も、今までのように交通費や宿泊費、時間をかけて移動する必要がなくなった。自分の部屋からスマホやＰＣで、ＵＲＬをクリックするだけで、アクセスできるようになったのだ。前述した、時間と費用をかけて移動する覚悟はいらなくなる。

これで、誰でも当事者コミュニティに容易にアクセスできるようになって、アクセスが困難であるがゆえに、必要な情報を得られない当事者はいなくなった。そんな風に思えるかもしれない。

残念ながら、事はそんなに単純ではない。

自室からオンライン開催の当事者コミュニティにアクセスすることにも、ハードルがある。同居人の存在だ。

一人暮らしであれば、自室からオンラインで当事者コミュニティに参加することは容易だ。しかし、同居人がいる場合、特に家族と住んでいると、参加の難易度が上がる。

同居していて、同居人の自室の物音が聞こえてこないなどということはほとんどないと言っていい。部屋の前を通れば、中で流れている音楽は耳に入るし、通話をしていればそうとわかる。そんな状況で、自室から当事者コミュニティに参加すれば、同居人に参加を知らせるようなものだ。

同居人に当事者コミュニティへの参加が知られないように、カラオケボックスやコワーキングスペースの通話可能な個室から参加する当事者もいた。私も、一人暮らしでなければ、そうしただろう。

家族に、自身のマイノリティ性についての本音を知られたくない思いは、私も痛いほどわかる。先述のとおり、家族だからこそ、言えないこともあるのだ。

遺伝する疾患であれば、親に当事者コミュニティへの参加を知られることは、疾患を気にしていると知らせてしまい、気まずくなることが予想される。遺伝する疾患について、親子間で話題にしづらいのは、想像に難くないだろう。親は「自分のせいだ」と自分を責めるし、子どもの側は「親を責めるようで話題にできない」と考える。そんなことが起こりうる。これは、何も機能不全家庭だけに起こることではないと思う。

また、家族に、自身のマイノリティ性について悩んでいることや、マイノリティ性についての弱音を万が一にも聞かれたくないケースもある。心配をかけたくない、強くて元気な自分が弱音を吐くことを知られたくない。頼れる親でいたい、自立した大人であると示したい。そう考えると、自室から当事者コミュニティに参加して吐露する本音が漏れ聞こえ、家族に知られるリスクは、恐ろしいのだ。自身のマイノリティ性について、家族に知られていない場合は、自室からの接続は絶対に避けたいものとなる。アクシデントのようなカミングアウト、ひいてはアウティングを誘発してしまう可能性がある。

カラオケボックスやコワーキングスペースといった、通話可能な場所も、ある程度の規模の都市でないと存在しないことが多い。地方での実家暮らしだと、オンラインでの開催が広まっても、当事者コミュニティへの参加の難易度は相当に高い。

当事者コミュニティが各地で開催されるようになり、オンラインでの開催も活発になってきた。しかし、当事者コミュニティへのアクセスの問題は解決していない。必要な情報を取りに当事者コミュニティに参加したくても、さまざまな事情から参加が難しい当事者は存在する。当事者コミュニティのみに、マイノリティ性のある当事者への情報提供の役割を担わせるのには、限界がある。当事者コミュニティへの参加以外の多くの選択肢が必要だ。

マイノリティ性が〝剝がれる〟ことへの恐怖

本書のもととなる連載で行ったインタビューのなかで飯野由里子さんや本田秀夫さんから指摘があったように、ここでの記述は私が能力主義をどのように内面化してしまっていたかを示す証拠であることは否定できない。しかし適応しようとすればするほど能力主義に陥りがちな社会の現状を示すことの重要性を鑑み、書籍化にあたり大きな修正は行わずに掲載することにした。

ここまでは、自分が当事者であることを受け入れられない、そもそもアクセスの面で困難があるといった点から、当事者コミュニティのみが当事者の抱える問題の解決を担うのには無理があると論じてきた。この二点は、比較的理解が容易なものだろう。しかし、ここからの話は、自身のマイノリティ性を強く意識する生活をしていない方には想像しにくいものかもしれない。

当事者コミュニティに参加し、当事者と交流することに抵抗が生じる理由の一つとして、私は、マイノリティ性が〝剝がれる〟恐怖を挙げたい。

マイノリティ性が〝剝がれる〟とはどういうことか、私の経験を例に説明していく。

私は、色素が薄く生まれる遺伝疾患、アルビノ（眼皮膚白皮症として平成三〇年に指定難病にもなっている）の当事者だ。アルビノは色素が薄いために、弱視を伴うことがある。私も例に漏れず、弱視がある。それも、矯正が効きにくい上に、乱視や眼振、羞明《しゅうめい》（眩しさを強く感じること）を併せ持つ弱視だ。単に視力の数値だけで想像できる見え方ではない。周囲の眼鏡ユーザーは年齢が上がるごとに増えていったが、眼鏡ユーザーたちの言うことも、見えにくさのメカニズムも、何一つ私と一致しなかった。

私は視覚特別支援学校や弱視学級に通わなかったため、家でも学校でもマイノリティとして生きてきた。それはある意味では苦難であり、ある意味では守られていたと言える。

指定難病となっているだけあって、アルビノの人々は少ない。難病情報センターのサイト（https://www.nanbyou.or.jp/entry/4492）によれば、国内に約五千人と推定されている。視覚特別支援学校や弱視学級にアクセスしない日常生活を送っていて、偶然にアルビノ当事者同士が出会うことは考えにくい。

事実、私も、週に一度しかその病院で診察を行っていない眼科の主治医の待合室で出会うまで、他の当事者を見たことすらなかった。眼科の主治医の診察時間が限られていなかったら、起こりえない出会いだったかもしれない。

そういった状況だから、私が料理できないことも、運動が苦手なことも、手先が不器用なことも、私の苦手なことは全部、アルビノによる弱視で説明された。今思えば、発達障害の一つ、ASD（自閉スペクトラム症）に関係していることもいくらかあるのだろうが、ASDの診断をもらうのは成人後なので、未成年の頃に周囲がそう判断したのも無理はない。

私が何かに失敗し続けると、親や教師は「やっぱり見えないとこれは難しいよね」と納得し、それを免除してくれる。その流れに慣れきってしまい、私自身も、自分のできないことは大体アルビノによる弱視が原因だと考えるようになった。

月日は流れ、大人になった私はアルビノや視覚障害者のコミュニティに顔を出すようになった。生来コミュニケーションは得意ではないため、うまくやれないのではないかと不安に思ってはいたが、「行ってみて居心地が悪かったら去ればいいや」と多少強引に自分を納得させて、参加したのだ。コミュニケーションへの不安よりも、他の当事者への興味が勝ったのかもしれない。何せ、今まで当事者に出会ったことがほとんどなかったのだ。

しかし、そこにあったのは予期していなかった恐怖だった。コミュニティで話し、勧められた関連書籍を読んでいるうちに、自分の今まで信じていたものが崩壊する感覚を味わった。

パラリンピックに出場する、アルビノや視覚障害のある人々。「全盲だけど、料理できるよ」と話す人。アルビノによる弱視ゆえに私が選択肢から外した職業で活躍する人々。

他の当事者と交流しなければ、私はずっと運動も料理も、アルビノによる弱視があるからできないのだと思っていられた。自分の努力不足や適切な方法を見つけられていないのではなく、自分の身体機能の問題だと、何の疑いもなく信じることは、もうできなくなってしまった。マイノリティ性が、〝剝がれ落ちた〟瞬間だった。

それは、ある意味では希望であり、またある意味では絶望だった。自分もやり方を変えればできることが増えるかもしれないと捉えれば希望だが、今まで自分がマイノリティ性のせいにして自分を甘やかしていたために現在のできなさがあると思えば絶望でしかない。

晴眼者（視覚障害のない人）から責められたところで、「あなたは見えるじゃないか」といくらでも反論できた。元々スタートラインが違うじゃないか、と。しかし、当事者からは責められるまでもなく、自分の足りていなさはマイノリティ性だけが原因でないと示されてしまう。

恐怖だった。得意な分野ではマイノリティ性のことなどほとんど考えずにできることを増やしていった私だが、苦手な分野はマイノリティ性のせいにしてきたことは事実だ。それをまざまざと見せつけられる。足場が崩れ落ちる感覚とでも言うべきそれは、劣等感だった。

しばらくは、これが自分だけの感覚なのかもしれないと考えていたが、前述のような構造に言及したり、私に劣等感をぶつけてきたりする当事者たちから、自分だけがそう感じるのではないと知った。私が劣等感を抱くと同時に、誰かに劣等感を抱かれている可能性は十分にあったのだ。


「他人と比べることなく、自分の価値を見つけましょう」と言われるようになって久しい。しかし、人間は相対的評価から逃れられない。

あの人にはパートナーがいる。自分はパートナーを望んでいるのに、パートナーがいない。

同僚は営業成績が自分よりいい。

試験に受かる人がいれば、落ちる人がいる。

社会において、マイノリティ性が自分のイメージの多くを占めている際には、マイノリティ性に理由を求めることが可能だ。しかし、当事者と交流し、マイノリティ性が〝剝がれる〟と、そうはいかない。それ以外の要因があることを、直視させられるのだ。

日常では、マイノリティであるがゆえに困難があり、さらに当事者との交流で、マイノリティ性が〝剝がれ落ち〟、マイノリティ性を除いた部分の足りなさに向き合わされる。

その苦しみは、想像を絶するものだろう。

もし私がそのリスクに早々に気づいていたら、それでも当事者コミュニティに顔を出したと言い切れる自信がない。正直なところ、今でもその恐怖は消えていない。

このようなことから、当事者コミュニティに参加するのを躊躇する理由の一つとして、マイノリティ性が〝剝がれる〟恐怖がありうると、私は考える。

2　当事者コミュニティの功罪

仲間に出会い、一人じゃないと思える

当事者コミュニティにつながった人がよく言う言葉として、「一人じゃないと思って、安心した」というのがある。未だに私はその言葉を実感できていない。今まで生きてきて、「一人じゃない」と思った瞬間が思い当たらないからだ。当事者コミュニティにいても、学校にいても、ライターの仕事をしていても、孤独は常にそこにあり、それこそが私の安寧だった。「自分は誰とも同じじゃない」と自覚しており、常にやりづらさを抱えているのも、また事実だ。この困難については、後ほど書くことにする。

しかし、実感はなくとも、構造を知り、理解を深めることはできる。ここでは、当事者コミュニティのメリットを見ていく。

まず、マイノリティの人々は数が少ない。言葉遊びではなく、実際にそうなのだ。例えば、アルビノの人は日本国内に約五千人いるとされている（参考：難病情報センター　https://www.nanbyou.or.jp/entry/4492）。約一億二千万人とされている日本の人口を考えれば、約五千人しかいないアルビノの人同士が自然に出会うことはかなりの難易度であると想像できるだろう。

そして、マイノリティの人々は、マイノリティ性をオープンにしないこともある。前述のアルビノも手間はかかるが、頑張ればある程度隠すことは可能だし、深く付き合わなければ、発達障害や精神疾患、セクシュアリティを隠すこと（クローズ、クローゼットなどと表現する）もできる。

見た目に症状のある人が直面する差別などの問題、「見た目問題」に関連しても、症状を隠したい人が隠す手段として、手術やカバーメイクが挙げられている。なお、「見た目問題」の症状に関する手術は、見た目以外にも機能的な問題を抱えているために行われる場合が存在する。

そして、聴覚障害や視覚障害をはじめとした身体障害も、インターネットを介するなどして、関わり方を工夫すれば、障害を知られずに関係性を築くことができる。直接会わないからこそ障害を隠しきれる側面は、たしかにある。

マイノリティ性や相手との距離感、関わり方次第では、マイノリティ性を隠せるのだ。

マイノリティ性を隠すことで、自分を「ふつう」に見せて、マイノリティへの迫害や差別的な発言を避けることができる。マイノリティ性を隠すのは、当事者にとって攻撃から身を守るための手段だ。それなりにコストがかかるし、疲れもするのだが、それで得られる安心もある。隠すかどうかは本人が決めることであり、周囲に強要されるのは違うと書き添えておく。

しかし、数の少なさから元々出会いにくい上に、マイノリティ性を隠している人もいるとなれば、生活していて偶然に出会うことへの期待はますます低くなる。

そうなれば、当事者が「世界で自分ただ一人が変なのかもしれない」「自分だけがマイノリティだ」と孤立感を深めていってしまうことは容易に想像がつく。また、それ以外にも、さまざまな問題が発生してくる。

進路や職業選択において、参考になるロールモデルや情報を周囲から見出せず、結果として、進路の幅が狭まってしまうケースもある。

それだけでなく、「自分は一人だ」という実感は、多くの場合、積極的に行動する意欲を奪っていく。

そんなときに、当事者コミュニティに参加し、自分と同じマイノリティ性のある、自分に似た人に出会えることは、貴重な経験だ。その人の持つ経験や情報が、自分とは完全に一致せず、自分のしたいこととは違っていて、あまり参考にならないかもしれない。それでも、初めて会う、自分と同じマイノリティ性のある人は、仲間になりうる。

同じマイノリティ性のある仲間だからこそ、できる話もある。

私は、自分のマイノリティ性に関して調べるのが半ば趣味と化しているようなところがある。複数のマイノリティ性を有していることもあり、常に気になる書籍や論文がいくつかある状態だ。書籍や論文を読んで感想を語り合うのは、いつも当事者だ。

非当事者の友人には、こんな話はできたものではない。私は、純粋に知的好奇心から調べ、「こんなことがわかったらしい」「これって、ここにつながっていくのでは」などと考えや想像を膨らませている。しかし、非当事者の友人には、「やっぱりそのことを気にしているんだ」と受け取られたり、返事にも気を遣われてしまったりすることがある。「当事者でないとわからないことがある」と考えている非当事者は多く、実際そういったことはあるが、私は「この人とならマイノリティ性を探究するのも楽しいだろう」と思って声をかけている。だが、相手が非当事者の場合、そのような話題において、いつものように話すことは難しい。相手からの過度な気遣いが生じてしまい、純粋に探究するわけにはいかなくなるのだ。

同じマイノリティ性のある仲間であれば、気遣われることはほぼなく、気兼ねせずにマイノリティ性に関する探究ができる。

私の場合は探究だったが、他には、ファッションやメイク、趣味の楽しみ方などの話題もあるだろう。非当事者にマイノリティ性の話を出すと、気遣われて本音を言えなくなり、気まずくなることがある。だから、気兼ねなく話せる仲間に出会えると、気が楽になるのだ。

こんなこと、当事者コミュニティで同じマイノリティ性のある、自分と似た者同士の仲間にしか言えない。そういうことが、マイノリティの人々の日常には溢れている。

Aro/Ace（アロマンティック／アセクシュアル周辺のセクシュアリティ）の人々の集う場で、私が「好きな人がいるのがふつうとか、恋愛は皆がするものみたいな押しつけにいらいらする」と話すときに、詳細な説明はいらない。それは、その場においてある程度共有される経験なのだから。

同じ言葉を、例えば職場の昼休みにでも、同僚に聞かせたらどうなるか。まず返ってくるのは、困惑。そして、去っていくか、無神経な説得をされるか、今まで傷つけていなかったか聞いた上で、腫れ物に触るような扱いを受けるか、のどれかが待ち受けている。無神経に「いつかいい人に出会えるよ」と説得されるのが私は一番嫌だが、どの反応も、非常に〝面倒くさい〟のだ。だから、職場でそのような話はしないことにしている。面倒な事態が起こるのは明白で、私はそのような面倒を嫌う。

当事者同士で「あるあるネタ」として話すことによって、気持ちがふっと軽くなる。そういうこともあるのだ。『私がアルビノについて調べ考えて書いた本——当事者から始める社会学』（矢吹康夫著、生活書院、二〇一七年）にも、飲み会での「あるあるネタ」としての語りについて書かれている。

〝授業がつまらないんだけど拡大コピーを頼んだ手前サボりにくい〟（四四ページ）のは、問題提起するほどでもないが、誰かに吐き出したくなる話だ。私自身にも覚えがある。なお、サボりにくいのはある程度仕方ないと私は考えるが、「配慮をしているのだから、より一層しっかりやりなさい」と強いられることは明らかに差別であり、問題だ。

当事者コミュニティに参加することで、他の当事者が実在すると知って安心したり、面倒な説明を省いて非当事者には話しにくいことを気兼ねなく話せたりして、気が楽になる。マイノリティの人々にとって、それは価値あることだ。

非当事者に気遣われること、そして非当事者を気遣い説明するなどの面倒を背負うこと。そこから一時的に解放される場は、マイノリティの人々にとってオアシスとも呼べるかもしれない。

心理的安全性の確保された居場所が持てる

マイノリティは日々、偏見や差別にさらされている。見聞きしてすぐそれとわかるような、あからさまなヘイトスピーチだけではなく、悪意なく発される無意識の差別、マイクロアグレッションもある。

ヘイトスピーチについては説明するまでもないだろう。「○○人は国に帰れ」「障害者は街に出るな」などと差別的な発言をしたりインターネットに投稿したりすることだ。ところが、マイクロアグレッションとなると、理解が難しくなってしまう。ヘイトスピーチの場合は対象者に対して悪意がある場合がほとんどだが、マイクロアグレッションの場合は褒めているつもりということも少なくない。

例えば、アルビノゆえに色素の薄い私の容姿を「美しい」と褒める人がいた。その言葉それだけでマイクロアグレッションとは思わないが、私とその人の関係性、その言葉が出てきた文脈、後に続く言葉などの言葉そのものの外にある要素によっては、「美しい」は褒め言葉にもマイクロアグレッションにもなりうる。

自身のマイノリティ性に対して、ヘイトスピーチをする人から離れたいと思い、そうするのは当然だ。これを読んでいるあなたが、現在自分のマイノリティ性に対してヘイトスピーチを振りまく人と近くにいるなら、あらゆる手段を講じて、逃げることをおすすめする。あなたには安心できる場所で生活する権利がある。

しかし、マイクロアグレッションに関しては、そうはいかない側面がある。ヘイトスピーチをしないように気をつけている人であっても、それどころか、マイノリティの支援に携わる人々でさえも、マイクロアグレッションを行ってしまう。これを書いている私自身にも、他人のマイノリティ性に対して、マイクロアグレッションを含んだ発言をしてしまって、〝幸運にも〟相手に指摘されて改めた経験がある。

マイクロアグレッションはこれほどまでに日常に蔓延していて、それらを避けて暮らすことはほぼ不可能だ。悲しいことだが、マイクロアグレッションにまったくふれないで生きるためには、生活において他人との交流をほぼなくさなくてはならない。そんな生活を実現したい人ばかりではないだろうし、実現したくても収入を得る手段の問題などで実現できない人も多いだろう。

さらには、現在、オンライン／オフライン問わず、ヘイトスピーチが飛び交っている。日本において、ヘイトスピーチを目にしないように暮らすのすら、難しい状況だ。

結果として、マイノリティはヘイトスピーチをする人と距離を置いたとしても、友人や家族、支援者、知人など、自分を気遣っていたり、生活上関わらなければならなかったりする人々から、ある瞬間に無意識にマイクロアグレッションで刺される日常を送るしかない。

これは非常にストレスフルなのだ。概ね味方で、自分のことを支援しようと思って動いている人に対してすら、気が抜けない。マジョリティとマイノリティに見える世界は、心地よいそよ風が吹く、端に緑が植えられた歩道と、いつ攻撃されてもおかしくない戦場くらいに違う。

先ほど私自身のマイクロアグレッションを含んだ発言について指摘してもらったことを〝幸運〟と表現した。マイクロアグレッションを受けたマイノリティにとって、「その発言は自分やそのマイノリティ性に対して侮蔑的で、よくないものだから、改めてほしい」と伝えるのは、非常にストレスフルで、今度から相手がまったく味方になってくれなくなるのではないか、指摘で不快にさせて離れていってしまうのではないか、などの恐怖を克服しなければできない芸当なのだ。端的に言えば、怖いし、辛いし、面倒くさい。

マイクロアグレッションを含んだ発言を指摘するよりも、相手との関わりを減らしたり聞き流したりして、相手に伝えることを諦める方が楽。私自身も含め、マイノリティがそう判断するシーンは少なくない。

そのような現状を踏まえると、私がマイクロアグレッションを含んだ発言について指摘してもらえたのは、本当に幸運でしかない。説明すれば理解する人間で、なおかつその人にとって説明のコストをかけるに値する相手だと判断されたから、指摘してもらえたのだ。本来、他人のマイクロアグレッションを指摘するのは、ひどく疲れるのだ。

ヘイトスピーチによるダメージは言うまでもなく、マイクロアグレッションによるダメージ、そして説明の面倒くささが、精神を削り取ってくる。ヘイトスピーチだけでなく、マイクロアグレッションにも取り囲まれて生きているマイノリティにとって、それが日常だ。そこではマジョリティが感じるほどの安心や安全を望んでも、実現の望みは薄い。

マイノリティが一時的にでも攻撃されない場所に行きたいと考え、辿り着く先が当事者コミュニティだ。

当事者コミュニティにおいては、〝そこで取り扱っている〟マイノリティ性に対する攻撃を受ける確率はかなり下がる。

場の安全に関して、「心理的安全性」なる概念が存在する。これは、ハーバード大学教授のエイミー・C・エドモンドソンが一九九九年に打ち立てた概念で、「チームの心理的安全性とは、チームの中で対人関係におけるリスクをとっても大丈夫だ、というチームメンバーに共有される信念のこと」と定義されている。（出典：『心理的安全性のつくりかた――「心理的柔軟性」が困難を乗り越えるチームに変える』石井遼介著、日本能率協会マネジメントセンター、二〇二〇年）

当事者コミュニティは職場ではなく、必ずしも何かを生み出さなければならないチームではない。そのため、この概念をそのまま当事者コミュニティに適用するとずれが生じる。当事者コミュニティに適用するならば、「相手が古株だったり年上だったり、社会的に自分より優位な立場にあっても、その場にいる誰かと異なっていたり相容れない可能性があったりする意見を口にするリスクをとることができる状態」だろうか。

多くの当事者コミュニティはこの心理的安全性の概念を意識したグランドルールを設定している。人の話を遮らない、人の意見を変えさせようとしない、差別的な発言をしない、が主に心理的安全性を意識したグランドルールとして見られる。

これらのグランドルールが心理的安全性を極限まで高めきっているとまでは私は思わないが、当事者コミュニティの外よりも当事者コミュニティがはるかに安全な場所になるのに有効な役割を果たしている事実はある。

少なくとも〝その場で取り扱っている〟マイノリティ性に関しては、当事者コミュニティの外よりずっと、マイノリティが安心できる場所が当事者コミュニティによって作られてきた。ヘイトスピーチやマイクロアグレッションといった攻撃を逃れ、一息つける場所として、当事者コミュニティはマイノリティのシェルターのように機能しているといえる。

実際にシェルターに逃げこめると知っていること自体が逃げこむことそのものよりも、過酷な日常を生きるマイノリティの心に光を灯す。そんな側面もあるだろう。

他の当事者の経験を聞き、過去を再定義できる

マイノリティ性のある人々は、マイノリティ性ゆえかそれ以外の要因かも判然としないままに、多くのネガティブな経験をする。私の場合、なぜか知らないが人間関係が長続きしなかったりトラブルが起きてしまったりしやすいことから、「あなたの髪の色では雇えません」とアルバイトの採用を断

られることまで、多岐にわたる。

後者のアルバイトの不採用については、相手が私の「何」を問題としたのか、つまりは不採用の原因が明確だ。私が生まれ持った遺伝疾患、アルビノゆえの色素の薄い髪を問題視した、と相手は明言しているのだから。

ところが、前者はそうはいかない。「何かわからないけど知らない間に」人間関係が崩壊しているのであって、何のせいかは判断がつかない。アルビノゆえの容姿を疎まれたか、それとも眼症状に配慮しないといけないことを面倒に思われたか、運悪く性格が合わない相手を立て続けに引いてしまったか、あるいは私の性格が破滅的なのか。もちろん、原因は単一とは限らない。複数の原因からなる事象の方が多い。つまり、想像は無限に広げられる。

困難の原因を無限に想像してしまえる状況に置かれたとき、人は何を原因として想定するだろうか。マイノリティ性が原因で否定されたり、マイノリティ性を自分も周囲も認識していないなかで自分を否定されたりする経験を、ある程度積み重ねてきたとしたら、どのように思考は動くだろうか。

私の場合は、いつの間にか人間関係が崩壊してしまう理由について、考えることを放棄した。学生時代は、人間関係を維持するよりも自分のなかで優先度が高いこと――学業や趣味――があったし、仕事をするようになってからは、業務上のコミュニケーションはプライベートのそれとは異なっており、自分と合う労働環境であればどうにかなると判明したからだ。つまり、「なぜかわからないけれど、そういうことがよく起こる。自分の目的のために必要な対処をしよう」と結論したのだ。

私の結論の是非は誰にもジャッジさせない。しかし、後に、当事者コミュニティに参加して、前述の状況下でこの結論を出せるマイノリティは少ないと知った。

残念なことに、マイノリティの多くは、自分自身や、自分のマイノリティ性を責めてしまうのだ。「自分が○○だからいけない」あるいは、「自分が何かおかしいのかもしれない」といった具合だ。

当事者コミュニティでは、他の当事者の経験を聞ける。自分と似たような経験をした当事者に出会うことで、「もしかして、あの経験は、自身のマイノリティ性に対する周囲の無理解や差別が原因だったのではないか」あるいは、「自身のマイノリティ性から起こる困難ゆえに生じたトラブルだったのではないか」などと考えるようになる。

私も、他の当事者の経験を聞くまでは、自分自身やマイノリティ性があることそのものに原因があると捉え、自分を責める感情に苛まれてしまうこともあった。当事者コミュニティに集うのは、テーマとしているマイノリティ性が共通している（完全に一致しないことの方が多い）、それ以外は年齢や職業などの背景が異なる人々である。

それで似通った経験をするのであれば、その経験は「私」のせいではない可能性が高い。そして、基本的なことだが、マイノリティ性があることそのものは責められるべきではない。このように、思考が整理されていく。

原因が不明瞭で摑みどころがなかった場合も、マイノリティ性から生じる困難に一因があるのではないかと考えられるようになる。

こうして、過去の経験は再定義される。

あれは、自身のマイノリティ性に対する差別だった。

あのときの経験は、自身のマイノリティ性ゆえに生じる困難に一因があったかもしれない。

絡み合った糸を解きほぐすように、過去の経験への認識が整理される。

闇雲に自分を責めるだけではなく、自分以外のものにも原因があった可能性に目が向くようになっていく。視界が拓けていく。

当事者コミュニティに参加することは、過去の経験を再定義するきっかけを与えてくれるかもしれないのだ。

ただし、過去の経験を再定義することは、常にポジティブな結果を生むとは限らない。

自分を責める思考や感情が軽減される代わりに、当時は味方だと思っていた人が実はそうではなかったと気づいてしまう可能性は十分にある。過去に、私の学業成績を「弱視なのにすごい」と褒めた人がいた。当時はなぜかもわからずもやもやしたが、褒め言葉を素直に受け取れない自分がいけないのだと思った。しかし、後にそれはマイクロアグレッションだったと気づいた。それゆえにその人と関わるのが嫌になり、今後その人には二度と連絡しないと決めた。

私は過去の経験の再定義によって、何人かとの関係を完全に過去のものとした。つまり、見切りをつけ、葬り去ったのだ。

今まで何でもないと思っていた社会や制度が途端に醜悪に見えることもある。私には、アルバイトの採用面接や就職活動で髪の色を問題にされ落とされた経験を、「仕方ない」と考えた時期がある。いい気分はしないけれど、そういうものと感じていた。「それは不当な扱いだ」と他の当事者の言葉を聞いて、私にそのような経験をさせた企業に、それを当然とする社会に、嫌悪感や怒りを抱くようになった。あまりの対応のひどさに、不買を誓った企業もいくつかある。

自分を傷つけたものが何だったのか、その輪郭を捉え始めた証左だ。

それでも、他の当事者の経験を聞き、過去の経験を再定義することには意義がある。

過去を掘り返して苦しむだけに思えるかもしれない。過去の経験を振り返らない方が今を幸せに生きられる、と考える人もいる。しかし、マイノリティ性に関する経験については違う。

過去の経験をそのままにしておかずに再定義し、原因は自分のみにあるのではなく、他のものにもあると考える。そのことによって、現在、そしてこれから起こる事象についても、何か不都合が生じたときに自分のみを責める前に立ち止まれるかもしれない。過去に自分を傷つけた人や組織と現在も近しいならば、そこから逃げ出す決断ができるかもしれない。

何かあったときに、「自分一人が悪いように感じるけど、本当にそうだろうか」と疑問を抱けるようになれば、世界は変わる。

過去の経験の再定義は、マイノリティ当事者が自分を否定する負のスパイラルから抜け出す突破口となる可能性を秘めている。

現状への対処法を知ることができる

当事者コミュニティへのアクセスによって私が得られたものの一つに、他の当事者から、現在自分が差別を受けていると指摘されたことが挙げられる。

差別されないため、あるいは差別に遭ったときのために、マイノリティ性のある人々に教えられるのは、どういうわけか、自分のマイノリティ性の〝理解〟と適切な〝開示〟である。

マイノリティ向けのイベントでも、〝理解〟と〝開示〟は話題になりやすい。

障害者雇用を専門に扱っている転職エージェントのサイトに「障害理解が転職の鍵」などと書いてあるのを見たこともある。

自分のマイノリティ性を理解し、適切に開示できるようになりましょう。

円滑なサポート依頼の方法を学びましょう。

それらの言葉は、たしかに正しい。

就学や就労にあたり、マイノリティが自身の欲しい合理的配慮を明確に伝えられない場合、学校も職場も困惑するしかない。学校や職場は、本人以上にどうしたらいいのかわからないのだ。

だから、しっかりと根拠を示して、伝えられるようになっておく必要がある。適切な配慮を得るために、〝理解〟と〝開示〟は欠かせないプロセスではある。


だが、マイノリティに相手の理解を求める努力をさせる前に、明確にすべきことがあるはずだ。それは、不当な扱いを受けたら怒っていいし、相手を通報したり訴えたりといった然るべき対処を選択することもできるし、公に抗議することも可能だという、当然の権利の存在だ。何が不当な扱いや差別にあたるのか、といったことも含めた、基礎知識は欠かせない。

自分を含めたマイノリティ、特に若い世代には、〝怒る〟こと、〝抗議する〟ことを避ける気風がある気がしてならない。〝怒る〟のではなく、〝抗議する〟のではなく、楽しくわかりやすく、そして優しく〝理解を求める〟べきだ――。そんな言説がマイノリティ自身からも発せられるこの現状を、私は憂えている。マイノリティはどこまでマジョリティにおもねらなければならないのだろうか。踏みつけられ続け、それでもなお、相手を気遣い、傷つけないように伝えねばならないのか。

マイノリティ自身でさえそう考えてしまうこともある社会で、マイノリティの子どもたちが育つ環境——保護者、先生、その他支援者——は、〝怒る〟方法や〝抗議する〟方法、差別にどう抗するかを教えてくれるだろうか。その可能性は限りなく低い。

自分のマイノリティ性を〝理解〟し、適切に〝開示〟することの重要性を否定しているわけではない。しかし、〝理解〟と〝開示〟では解決しない問題もあるのだ。

どれだけ適切な言葉を選んでも、理解しない相手はいる。理解する気がない相手もいる。平然と差別を続ける人間は、見渡せばいくらでもいる。残念ながら、この国の中枢にもいる。セクシュアルマイノリティが公然と差別を受けている事実は、多くの人の知るところだろう。

そんなときに必要なのは、〝理解を求める〟態度ではない。

相手の何が正しくないのか、根拠を持って指摘し、然るべき機関や専門家のサポートを得て、立ち向かうことだ。

でも、そんなことを教えてくれる人に出会えない場合も少なくない。周囲の人間も、マイノリティ性とともに生きる本人のことを真に思っているとは限らないからだ。周囲にとって、〝都合のいいマイノリティ〟でいるならば、大事にする。そのような理解者や支援者の皮を被った、ときに有害ですらある人間は、案外多い。

私が疑い深いからではない。実際に、差別経験を周囲に相談しても力になってもらえなかったどころか、諦めるように言われたり、それどころか、本人が悪いかのように言われるなどの二次加害を受けたりした話は珍しくない。

しかし、当事者コミュニティにいる他の当事者がそのような反応をする可能性は低くなる。マイノリティ性を共有して当事者コミュニティに集まっているのだから、他の当事者の現状をよくすることは、自身の現状をよくすることにもつながる場合が多い。

それゆえに、他の当事者からの、「それって差別だよ」という言葉は貴重で、真に迫ったものになる。当事者コミュニティの性質にもよるが、そういった現状への対処法——どこへ訴え出ればいいか、またその人の利益のためにどうすべきかなど——の蓄積があれば、他の当事者に一緒に対処法を考えてもらうこともできる。

私自身、就職差別を受けた際に、当事者コミュニティで他の当事者から、「それは差別だよ。怒っていいことだ」と指摘された。その指摘からは具体的な抗議行動などには結びつかなかったものの、このように文章を書くに至ったきっかけの一つとなっている。

私は、文章で差別の存在や、マイノリティを取り巻く現実を伝えている。私の文章を読んで、「自分のされていることは差別で、不当な取り扱いだ」と気づくマイノリティがいたなら、そしてその現状に抵抗したり、逃げたりする決意を後押しできたなら、私が当時受けた指摘は実を結んだといえる。

公教育ではなく、マイノリティ自らが集まる当事者コミュニティで差別に抗する方法を知るしかない現状は到底肯定できるものではない。ここまで述べてきたように、当事者コミュニティはマイノリティの誰もがアクセスできるものでもないし、誰もが心地よい場所であるとは言い切れないからだ。

しかし、当事者コミュニティが差別に抗する方法を共有する場としての役割を果たしていることは事実で、大切な役割を果たしてきてくれていることには感謝している。

ロールモデルに出会い、先のことを考えられる

「ロールモデルがいない」とは、マイノリティに関する問題点として、よく挙げられることだ。ロールモデルと聞いても、馴染みがない方もいると思うので、説明する。ロールモデルとは、考え方、働き方、生き方などが他者の規範となる人のことを指す。女性活躍の文脈でも、「女性で管理職や幹部になった人がいない会社では、女性社員のロールモデルがいないため、女性社員のキャリア形成が難しい」などのように使われる言葉だ。

ロールモデルの不在は、女性社員だけの話ではない。ありとあらゆるマイノリティ――セクシュアルマイノリティ、障害者、ミックスルーツの人々など――の、共通の課題ともいえる。

マイノリティである以上、保護者をはじめとした周囲の大人の話は参考にならないことが多い。このような話には、私も覚えがある。中高生の頃、私と共通するマイノリティ性を持たない保護者、教員、その他の大人の語る〝将来〟は、私のマイノリティ性を正確に考慮できていなかったのだ。「あれもこれもできないだろう」と過小評価されたり、「頑張ればできるでしょう」と根拠のない励ましをされたりした。その結果、私は将来を適切に思い描くのに苦労した。

自分と同じようなマイノリティ性があり、経済的に自立している人に出会い、話す機会は、若いマイノリティの今後を左右する大事なものだ。そういった機会の多くが、当事者コミュニティで得られるものとなっている。

本を出しているマイノリティもいるが、そのなかで「ロールモデルにしたい」と思えるような人がどれほどいるかは疑問だと思う。私も一時期そのような本を図書館で読み漁ったのでわかるが、とてもではないが、「この人みたいなことが私にもできそう」とは思えなかった。

本を出しているマイノリティの代表格として、私が記憶している乙武洋匡氏の著書についてもそうだ。『五体不満足』（講談社、一九九八年）は、読んでいておもしろく、思いもよらない方法でさまざまなことをしていく乙武さんのエピソードに驚かされた。それでも、「乙武さんのようになりたい」とも「なれそう」とも思うことはできなかった。本に出てくるマイノリティは機会や環境に恵まれている、「特別な人」ばかりに思えた。

私がそのような本を読み漁っていた時期は十年以上前なので、今は事情も変わってきているのかもしれない。現在では、『見た目が気になる——「からだ」の悩みを解きほぐす26のヒント』（河出書房新社編、二〇二一年）のような本もあり、職業ややっていることは特殊だが、今までの本を出すマイノリティよりはぐっと近くに感じられる人の文章が載っている。

しかし、本を一冊書き著せるような人が、突出した何かを持っていることは否定できるわけもない。そういう「特別な人」の話を読んだり聞いたりするのも、楽しく、意義のあることだ。でも、その人たちがロールモデルになりうるかは、また別の問題だ。

かくいう私もおそらくロールモデルにはなりえない。アルビノによる弱視での、見え方の不利を、自身の発達障害ゆえの高い言語性ＩＱや先取り学習で補ってきた部分がある。私の方法は、アルビノ当事者にも、発達障害当事者にも、「参考にならない」と言われるだろう。職業の意味でも、「雁屋さんはちょっと参考にならないかな」と言われたことがある。否定できる根拠は持ち合わせていなかった。編集プロダクションや制作会社での経験も、正規雇用の経験もなしに、個人事業主として文筆業を始めるのは、無謀と判断されて当然の行動だ。他人のロールモデルになど、なれやしない。

ロールモデルの不在は、深刻な問題だ。将来像を適切に描けないと、現在の学習や進学、それから収入を得ることに向けてどう動いていくべきかもわからず、モチベーションも下がってしまう。

当事者コミュニティには、「特別ではない」マイノリティも集まってくる。

そこでの話は、「本を書き上げました」「取材を受けました」といった特殊な経験だけではなく、「会社で必要な資格を取りました」「転職しました」のような日常にある、現実的であり、生きていくのに欠かせないものになる。

こういった話に、どれほど安心できるだろう。

メディアには、「特別」なマイノリティ表象が溢れ、本で読むマイノリティもやはりどこか突出している。人一倍の努力をして、何かに突出して特別になって初めて、マイノリティであることを許されるような気さえする。そんな気持ちを解きほぐし、現実的な将来を思い描くきっかけとなる話を聞くことができる機会は、貴重だ。

何かで突出するだけがマイノリティの生きる道ではなく、手段を工夫したり、向いていることを見つけたりして、「特別」ではないけれど、幸せを感じられる日々を過ごしていける。そのような道があることを、先を行く人々の生の言葉で聞けることは、進路や将来設計を左右する大事な機会となるのだ。

組織的に社会や政治にアプローチできる

当事者コミュニティに集うのは好きではないし、当事者コミュニティに行かねば得られないものが多くありそれは不平等を生んでいるとして、本書を書き始めた私だが、当事者コミュニティの持つ有益さについても、一定の理解と納得をしている。

これまではマイノリティ性のある当事者による当事者のケア、ピアサポートにフォーカスした話を展開してきたが、ここからは社会や政治へのアプローチという話をしていきたい。

私自身、さまざまにマイノリティ性があり、情報を求めて当事者コミュニティの公式サイトをいくつも巡ることがある。

そういったときに、ちらほら見かけるのが〝政策提言〟や〝署名活動〟などの社会運動の実績の報告である。

政策提言や署名活動などの社会運動を行い、社会や政治にアプローチしていかなければ、当事者の悩みは際限なく大きくなる。

マイノリティを苦しめている根本、つまり社会や政治を変えなければならないのだ。

しかし、こういったことを一人でやろうと思うと、必要な前提知識のインプット、その分野の最近の動きについての情報収集、的確に伝わる文章作成、自身の提案を拡散し多くの人の協力を取り付ける――などなど、やるべきことは多岐にわたる。

その人が、そのような活動のみに時間を使える身の上であったり、一人でそれらのことを行えるエネルギッシュで聡明な人なら、一人で行っても成り立つだろう。しかし、そんな人が、今の日本にどれほどいるだろうか。

私自身、ルネサンスの頃に理想とされた万能人になってみたかったという思いは拭えないが、それが不可能なのも理解している。私が得意なのは知識や情報を集め、理解や解釈を行うこと、そしてそれを踏まえて文章を書くことだ。

しかし、私は社会運動に関してはほとんど素人と言っていいようなもので、方法も、暗黙の了解もわからない。全部を一人でやるのは大変だからと仲間を集めようにも、人とつながるのが下手で、到底できたものではない。

それらの私に足りないものが当事者コミュニティのリソースとしてすでにあり、活用できる場合がある。当事者コミュニティには活動してきた歴史があり、社会や政治に働きかけてきた過去がある。その蓄積は、社会運動のいろはも知らない私にとって、喉から手が出るほど欲しいものだった。

また、当事者コミュニティには、問題意識の近い仲間もいる。同じマイノリティ性について考えている、当事者やその関係者である。

何もないまっさらな状態から、社会や政治にアプローチしようとすると、それは至難の業になる。そうして暗礁に乗り上げて、自分のニーズを社会実装する手段がわからないまま、社会運動にまで結びつかず、頓挫する。ニーズはあるのに、透明化される。

それは、当事者コミュニティにつながる前の私自身だった。

しかし、当事者コミュニティにつながり、他の当事者と話をするようになって、見た目による就職差別への怒りだけでなく、「どうやったら就職差別を減らせるか」という視点が私にも生まれてきた。見た目による就職差別をする方が悪いのは間違いないのだけど、差別が起きにくい構造を作っていくことは大事だ。泥棒だって、鍵の開いた家ときちんと施錠した家なら、前者を狙うだろう。

私一人では、「見た目に関する差別なんか滅べ」「法律で明確に禁止すべきだ」くらいまでしか辿り着けなかった。

日本アルビニズムネットワークのスタッフでもある、社会学者の矢吹康夫さんが始めた署名活動、「履歴書から写真欄もなくそう」キャンペーンには、差別が起きにくい構造を作る視点がしっかりと存在していた。

海外での事例や論文で示されているアンコンシャス・バイアス（無意識の差別）についてふれながら、的確に「公正な選考のために履歴書から写真欄をなくす必要がある」と伝えていく矢吹さんの論理構成は見事なものだった。

そのように、自分の感じている不利益を構造を変えることで減らしていくための言葉を、手段を、当事者コミュニティで見聞きした。私もそこで得た知見を自分のものとし、自身のニーズを満たすべく、動いていく足がかりとしたい。

前述のキャンペーンには、いくつかの団体が賛同している。「見た目問題」解決を目指すＮＰＯ法人、マイフェイス・マイスタイルをはじめとした、「見た目問題」に関連する団体だ。

当事者コミュニティ同士のつながりから、目指すものに共鳴し、賛同する団体が増えたのだろう。団体間の連携、協力によって社会運動を行う。そのベースとして、当事者コミュニティが存在している。

社会運動を一人で行うのが難しいこと自体は問題だが、当事者コミュニティが当事者の声を拾い上げ、社会運動を展開していく礎となっている事実は、評価するべきだろう。

ダブルマイノリティにとっては安全でない場所もある

私がこれまで書いてきたようなメリットがあることは承知の上で、当事者コミュニティに行く気になれない。そんなマイノリティの当事者は私一人ではなかった。

当事者コミュニティのメリットはわかっている。それでも、行きたくない。怖い。安心できない。そう口にする人のなかには、コミュニケーションを負担に感じるのとはまた違った事情のある知人がいた。ダブルマイノリティ——複数のマイノリティ性を持つ人だ。

その人と話していくうちに、私とその人はマイノリティ性の名前は違えど似た構造の恐怖や不安を抱えて、当事者コミュニティから遠ざかっていることがわかった。

私は視覚障害者でセクシュアルマイノリティで、発達障害とうつ病を併せ持つ精神障害者だ。発達障害のコミュニティで、「発達障害の二次障害として現れる精神疾患の話はNGです」とグランドルールに書かれていたこともあったし、視覚障害者のコミュニティで男女二元論や異性愛規範にさらされ、居心地の悪い思いをしたこともあった。精神疾患の当事者に対する対応はプロでも難航するのは承知の上だが、発達障害コミュニティのそのグランドルールは、「私の居場所はここにはない」と感じるに十分だった。

セクシュアルマイノリティのコミュニティでも、似たようなことが起こる。レインボープライドが各地で行われており、セクシュアルマイノリティの存在を示すのに重要なものとなっている。しかし、レインボープライドを歩けるセクシュアルマイノリティは限られていることを、忘れてはいけない。例えば私は体力がないし、炎天下を歩くとなれば、アルビノゆえに紫外線対策を厳にしなければならない。そういったダブルマイノリティは忘れられることがあるのではないか。

そう思うだけでなく、実際にそのような経験もしているから、当事者コミュニティに行くのは怖い。

そんな話をしていたときに、私とマイノリティ性は違えどダブルマイノリティである知人は理解を示してくれた。

その知人も似たような経験があるのだという。

海外にルーツを持ち、人種マイノリティであって、セクシュアルマイノリティでもある知人は、海外ルーツの当事者コミュニティも、セクシュアルマイノリティの当事者コミュニティも避けたいものだと話してくれた。海外ルーツの当事者コミュニティには、男女二元論や異性愛規範、女性差別が存在している場所もあり、知人はそのことを身をもって経験したのだ。ルーツについて攻撃されることはないが、セクシュアルマイノリティであることには無理解な場所。そんなところに安全も安心もない。

同様に、セクシュアルマイノリティの当事者が海外ルーツの人々に対して差別的な発言をするのを見聞きしたこともあり、知人はセクシュアルマイノリティのコミュニティにも警戒を解けないでいる。

私には知人の話が他人事には思えなかった。

本来、安全であるはずの当事者コミュニティで、そこで話題になっているのとは別のマイノリティ性ゆえに背中から刺されるような言動を受ける可能性がある。それでは、いつ差別発言が飛んでくるかわからない日常と何ら変わりがないではないか。

もちろん、マイノリティ性の交差――インターセクショナリティに配慮した場作りに取り組んでいる人々はいるし、そのことを私も知っている。

けれど、前述の私や知人の経験もまた紛うことなき真実なのだ。当事者コミュニティ〝だから〟、安全だなんて、ダブルマイノリティの私や知人は思えない。それどころか、「ここに自分の居場所はない」「この場では私の存在は想定されていない」と思い知る経験をした。

マイノリティ性が重なりあったダブルマイノリティの人々の困難は大きくなりがちなのに、当事者コミュニティによるさまざまなメリットを享受できなくなっている可能性がある。

マイノリティを支援する役目を当事者コミュニティのみに負わせることのリスク、その一端がここにあると私は考える。

安全でない当事者コミュニティに出会ってしまった経験から、当事者がそこから遠ざかり、ますます困難を増していくのなら、当事者コミュニティ以外の手段が、必要なのではないか。

当事者コミュニティのなかの人にしか心を開けなくなるリスク

社会はマイノリティに対して特に冷たい場所だ。教育や、就労をはじめとする収入を得るために必要な営みにも、巧妙に、あるいは堂々と差別が存在する。

特別支援学校高等部の大学進学率は一般の高校のそれより低い（参考：atGP https://www.atgp.jp/knowhow/newgradknowhow/c2492/）し、障害者の平均賃金はそうでない人々のそれよりずっと低い（参考：厚生労働省 https://www.mhlw.go.jp/stf/newpage_05390.html）。平均値を用いると、極端に大きな値や小さな値に引っ張られて実態とかけ離れた数値になることもあるため、収入や賃金の実態を知るには中央値を取るのが適切である。しかし、障害者の賃金の中央値は公的なデータになかったために、ここでは平均値を用いている。

そういった現状を知らない、あるいは何となく知っていて傍観しているマジョリティが大半の社会がマイノリティに優しいはずはない。アルビノゆえに色素の薄い私の髪の色を見て、アルバイトを不採用にした人々のなかに、自分が差別をしていると自覚していた人はほとんどいないだろう。

「社会は冷たいし、無条件で味方になってくれる人なんかいるはずもない」と私が結論したのも、無理もない。私の持つ社会に対する信頼は、ほぼゼロだ。

生存に直結する部分だけでなく、社会にはありとあらゆる差別が存在する。友人だと思っていた相手が、無自覚に、あるいは目の前に当事者がいると知らずに、もしくはそれが相手を傷つけると思いもせずに、差別的なことを言う。そんなことはマイノリティの日常なのだ。いついかなるときも、他者からの攻撃に備える必要がある。自分の心身を守るために、警戒を怠るわけにはいかない。少なくとも私は、マイノリティとして、そういう世界を生きている。

そんな日常を送っていれば、攻撃が飛んでこない、マイノリティ性について説明を求められることの少ない、当事者コミュニティは、砂漠におけるオアシスにも見えるだろう。

先に書いたような危うさを感じることのない当事者コミュニティは居心地のいいものだ。

しかし、居心地がいいなら、それでいいのだろうか。

安心や安全のない当事者コミュニティは論外だけれど、快適な場を作れているからそれでよしとするのは少し軽率に思える。当たり前かもしれないけれど、マイノリティ性のある当事者の多くは、当事者コミュニティの外でも生きなければならない。参加する当事者も、運営する側も、時折それを忘れてしまっているように見える。

当事者コミュニティに参加してから、当事者コミュニティの外——冷たく、優しくない社会で生きる日常に戻ると、いい気分はしない。温泉で体をあたためた矢先に、暴風雪に襲われたような落差がある。平然と行われる差別、それを当然のものとし、怒る人を奇異の目で見る空気。

当事者コミュニティの居心地のよさを思えば、できることならずっとそこにいたい、外では生存のために最低限のことだけしていよう、と当事者コミュニティの外に対して消極的になってしまうのも頷ける。できることなら傷つきたくない。そう考えれば当然の帰結だ。

私自身、うつ病で療養していた時期に当事者コミュニティに気持ちの多くを置いていた。ただでさえ傷ついて療養しているのに、さらに傷つきたくない。自分とマイノリティ性の近い当事者としか連絡を取らず、遊ぶ相手も当事者や関係する活動をしている人のみだった。

意識していたわけではないのだが、自分がつらくない相手を選んだ結果、自然とそうなっていった。

あの時期は私に必要だったけれど、そのままのスタンスで生きていくと別の問題が生じることを今の私は知っている。

当事者コミュニティをはじめとした、当事者や支援者だけの世界で生きていくことは、できないし、おすすめできることでもない。収入を得るために、当事者コミュニティの外にある社会との接触が必要になることもあるが、心を許せる相手が当事者コミュニティのなかの人のみであるのは、それはそれでリスクだ。

私は個人事業主で、複数の取引先がいる。当事者コミュニティに居場所を限定し、そこの人にしか心を許せない状態は、個人事業主で言えば、取引先を一つに限定しているようなものだ。その取引先が定期的に発注してくれているうちはいいが、そこが事業縮小を決めるなどして発注してくれなくなったら大変だ。だからこそ、私は個人事業主として常に複数の相手と取引することを心がけている。

人間関係もそういうものだ。ここがダメになったら何もない、後がない状態はハイリスクだ。ここがダメになってもあちらもこちらもある状態なら、一つ失うことも前者の場合よりダメージが少ない。ここがダメになっても大して困らないと思えるからこそ、余裕を持っていられる。

繰り返しになるが、当事者コミュニティのなかは基本的に楽だし、社会は冷たい。生存のためだけに仕事をして、他の時間は当事者コミュニティにずっといる、関わっている。そういう生き方も尊重されるべきものだ。でも、それが合わない人もいるだろうし、それでは共生社会から遠ざかってしまう。

たしかに、マイノリティ性のある当事者が当事者だけで固まって、楽しく過ごす場も必要だ。しかし、そこに留まって、出てこないのであれば、「無理に共生しないで、そっちはそっち、こっちはこっちで楽しくやっていればいいよね」と考える人がマジョリティにもマイノリティにも出てくるかもしれない。それでは共生ではなく、分離へと向かっていってしまう。

分離と聞いて、思い出すものは人それぞれだろう。悪名高きアパルトヘイトかもしれないし、ハンセン病患者の隔離かもしれない。あるいは、障害児の分離教育のことを考える人もいるのではないか。当事者コミュニティでしか安心できないことは、当事者自身の生活に影響するだけでなく、分離へとつながっていく可能性をはらんでいるのだ。

マイノリティ性のある当事者が社会において安心を感じられない、信頼できないのも、私は本当によくわかる。その責任の多くは、社会、そしてマジョリティの側にある。

それでも、私は仕事を展開させていくため、人間関係のリスクヘッジのために、当事者コミュニティのみで人間関係を完結させないことを意識している。

私には創作物を楽しむことや自身が創作をすること、ゲーム、読書、カフェ巡りなどさまざまな趣味があって、それぞれで程々の距離感の人間関係がある。差別的な言動に出くわすこともあるけれど、心を許せる相手に巡りあうこともある。試してみなければ、出会える確率はゼロのままだ。傷つきたくはないけれど、安全な場に閉じこもっていても味方が増えることはない。

傷ついたら都度撤退して、休んで、傷が癒えたら新しいものを試す。そういうことも必要な営みなのだろう。

当事者コミュニティは、共生社会を意識して、安心で安全な場の提供と同時に、社会に対して、団体としてだけではなく、当事者たちが〝開いて〟いくことを考える局面に来ているといえる。

コミュニケーションの得手不得手からは、逃れられない

これまでも書いてきた通り、私はコミュニケーションを苦手としている。仕事における情報伝達は問題なく行える。しかし、特に目的もなく、強いて言うなら、心を通わせ、仲良くなることが目的とされるようなシーンでは、どうしていいかわからない。どうしていいかわからないから、黙る。何を言えばいいかわからず、話しかけられては動揺し、ちぐはぐな答えを返す。

当事者コミュニティでの交流は、仕事ではない。仲良くなろうとするための、あまり強い目的のないコミュニケーションは、私の苦手とするところそのものなのだ。

共通するマイノリティ性を持つ当事者同士だからといって、出会えば魔法のように仲良くなれるわけではない。仲良くなるには、やはり通常の手順を踏まねばならない。誰かと仲良くなるために、適切な手順を踏むことも、私の苦手なことの一つだ。仲良くなりたいと思うことがあっても、どうしたらいいかわからなくて、諦めた経験は数多くある。

コミュニケーション、特に対面コミュニケーションが下手なのは、発達障害の一つ、自閉スペクトラム症（ＡＳＤ）の特性によるものだろう。ＡＳＤのコミュニケーションに関する特性として、表情や身振りなどの非言語コミュニケーションを理解しにくいこと、言葉を文字通り受け取ってしまい、言外の意味には気づきにくいことなどが挙げられる。

音声通話のみのコミュニケーションにおいて、私のコミュニケーショントラブルがぐっと減ったのは、非言語コミュニケーションの要素が少なくなり、顔が見えない分、お互いに言葉を文字通りの意味で使うようになるからなのかもしれない。

それからSlackなどを用いたテキストコミュニケーションも、割とうまくいく。文字でしか伝わらないツールだから、非言語コミュニケーションが読み取れなくても、さほど困らない。言外の意味を含ませるのも、業務効率化のためにはいいことではない。

私にとってどうにもならないのは、対面コミュニケーションだ。

当事者コミュニティの多くは、その対面コミュニケーションを大事にしている。対面しているからこそ言えることもあるのは、身に染みてわかっているので、それは悪くない。

新型コロナウイルスの感染拡大を経て、オンラインでの交流会や音声通話（Clubhouse や Twitter のスペースなど）を利用したカジュアルな交流が行われるようになり、当事者コミュニティにおいても、コミュニケーション手段の選択肢ができたことは喜ばしい。

しかし、新型コロナウイルスの感染拡大が終息すれば、元通りになってしまう不安も拭いきれない。音声のみだから、テキストのみだから、話せた人々が、当事者コミュニティの対面重視への回帰により、ニーズを満たせなくなってしまうとしたら、それは問題だ。

多くのコミュニケーション手段を用意できたところで、コミュニケーションがうまくないと自認している人々が、「結局、コミュニケーションか……」と落胆し、去っていく可能性はゼロにはならない。しかし、コミュニケーション手段がいくつかあれば、「これなら自分もできるかもしれない」と参加し、ニーズを満たしていく人も増えるだろう。


先ほども少し書いたが、発達障害にはコミュニケーションを苦手とする特性がいくつかある。非言語コミュニケーションの不得手、言外の意味を理解しにくいことに加え、喋りすぎてしまう、または、喋ることを考えているうちに会話が進んでいって何も言えない、など、多種多様だ。発達障害当事者以外にも、過去の経験などからコミュニケーションを苦手としている人もいるだろう。

それでも、当事者コミュニティの場では、コミュニケーションから逃れられない。でも、当事者コミュニティを運営しているのは、当事者やその関係者が多く、心理学やコミュニケーションスキルの専門家に出会うことは少ない。

そのなかで心理的安全性の高い場作りをしようとすると、運営やコミュニケーションスキルの高い参加者に、場を調整する負担が集中する。そして、運営側やコミュニケーションスキルの高い参加者が疲弊していく。私もそのような場にいたことがあるが、「あの人に負担をかけているだろうな」と思いつつ、自分自身の緊張をほぐすのに手一杯であり、またどうすれば助けになるかも、皆目見当がつかなかった。それがわかれば、コミュニケーションの不得手も克服できているだろうから、わからないのも無理はない。

コミュニケーションの苦手さが、当事者コミュニティの内でも外でも大きく影響する。そんな社会を生きている。

せめて、当事者コミュニティのなかだけでも、コミュニケーションの得手不得手から逃れられる場所にできないだろうか。コミュニケーションが苦手な当事者のニーズを満たす方法を、考えていく必要がある。コミュニケーションが不得手な人を置き去りにしないために、私たちに何ができるだろうか。

3　マイノリティの「つながりたくない」も尊重してほしい

マイノリティだからこそ、つながることを強いられている？

私には、他のアルビノ当事者と「つながる」ことを医療関係者に勧められた経験がある。当時、私は幼く、藁にもすがる思いだった保護者は、他の当事者やその家族とコンタクトを取ってみることにしたのだった。会ってみて実際どうだったかについて、私はあまり記憶していない。ここでもまた、誰かと「仲良くならなければいけない」のだと静かに絶望したことはぼんやりと覚えている。

他の当事者とのつながりを持つことを勧めた医療関係者を責めるつもりはない。医療の立場から言えること、できることには限りがあるし、他の当事者やその家族からしか得られない情報の存在を意識していた点で、その方は広い視野を持つ医療関係者であったといえるだろう。

何らかのマイノリティ性のある子どもを育てているわけではなくても、子育ては保護者にとってわからないことだらけで、似たような状況の保護者たちとの交流が支えになる事実はある。ただ、マイノリティ性のある子どもを育てていて、そのマイノリティ性が珍しければ珍しいほど、「つながる」必要性は増す。

書店に行けば、数多の育児雑誌が出ているし、通信教育教材にも保護者向けの情報が載っている。幼児教室や幼稚園、保育園では子どもと関わる仕事をしているプロから、アドバイスももらえる。「ふつう」の子どもについてなら、「つながる」以外の選択肢もいくらかあるのだ。

ところが、私が生まれた当時、一九九五年のアルビノを取り巻く状況はそんなものではなかった。生まれてすぐには診断が出ず、どうして色素が薄いのか、どういった疾患なのかを知るために病院を巡るしかなかった。やっと得た診断名を詳しく調べようにも、書店を探し回って、分厚い医学書にたった一行の記載があっただけ。スマホどころか、インターネットも普及していない頃の話だ。アルビノゆえに視力が低い私には育児雑誌にも母子手帳にも書いていないことが起こり、日焼け対策を理由に保育園の入園を断られたことさえあったという。

手探りの状況で、保護者の取れる選択肢は狭まっていっただろう。こんな状況では、「つながる」ことを選んだのか、選ばされたのか、判然としない。

幼い頃だけではない。成長し、今に至るまで、状況はそこまで大きく変わっていない。インターネットの発達で少しはましになったけれど、情報を得るには、他の当事者と「つながる」必要がどこかで出てくる。外に向けた情報発信をしている当事者コミュニティもあるが、皆そうだというわけでもない。

多くの情報から、私はずっと疎外されている。ファッション雑誌、就職活動に向けた情報、恋愛について書かれた特集など、挙げればきりがないほどに、「私」を想定していない情報はある。何もこれはアルビノに限った話ではない。情報が溢れている社会だなんて言うけれど、溢れているのはマジョリティ向けの情報だけだ。マイノリティ向けの情報は、相変わらず、偏在し、限られたところでのみ流通している。

そんななかで、マイノリティがよりよい暮らしをしようと思ったら、他の当事者と「つながる」しかないのだ。現状、そういうことが起こっている。

私は、「つながる」ことがいけないと言いたいのではない。でも、「つながる」か否かの選択肢をマジョリティと同程度に与えられていない現状をどうにかしなければならない。差別とはまさに、選択肢を奪われることから始まるからだ。車いすユーザーはそうでない人ほど気軽に電車に乗れない現状も、障害や疾患などのマイノリティ性ゆえに居住地域が限られることも、選択肢を奪われていることそのものだ。

それらすべてを今すぐ何とかするのは実現可能性が低い。でも、「今は解決できていないけど、いずれ解決すべき問題」として意識されるべきだ。

マイノリティは「つながらない」を選べない。あるいは、選ぶと生活の質が下がるから、仕方なく、「つながる」ことにしている。そういうマイノリティがいることを忘れて、「つながる」ことを手放しに称賛するのは危うい。

「つながりたい」マイノリティが「つながる」ことも、「つながりたくない」マイノリティが「つながらない」ことも、マジョリティにとっての二択と同様に尊重される必要がある。

自分で望んで「つながる」のと、そうするしかなくて仕方なく「つながる」のとでは行動は同じでも、意味が全然違う。後者の状態は問題だし、改善に向けて考えていかなければいけない。

マイノリティへの支援を当事者コミュニティに押しつけるのは公的なものの責任放棄ではないのか

公表されている当事者コミュニティ設立の経緯を読むと、コミュニティを設立した人々の、切実な思いが伝わってくる。これまで「つながりたくない」と書いてきた私がこう書くと、矛盾しているように見えるかもしれない。
しかし、当事者コミュニティ設立、運営に関わってこられた方々の大変さを垣間見たからこそ、私は「マイノリティであるから他の当事者とつながらなければならない社会ではなく、マイノリティであってもつながらないことを選べて、そのことによる不利益が大したものではない社会であるべきだ」と言いたい。

当事者コミュニティ設立の経緯、と言われても、馴染みのない方には想像しにくいだろう。一例として、私がスタッフとして関わっている日本アルビニズムネットワークの公式サイトにある、「ＪＡＮというチームについて」を挙げる。（参考：https://www.albinism.jp/about_us/　二〇二三年一月二九日取得）
日本アルビニズムネットワークはアルビノの当事者やその家族のサポート、社会への理解啓発を主な活動としていると説明があり、その後にそれぞれの活動について詳しく解説されている。
ここでそれぞれの活動がなぜ必要なのかにふれられており、「情報の少なさ」ゆえに生活に困難を抱えることと、「アルビノ当事者が極端に少ない（約二万人に一人とされている）ため、他の当事者との交流の機会がほとんどない」がゆえに情報交換が難しく、また悩みや孤独を感じやすいことが主な理由として挙げられている。
私は、情報の少なさと他の当事者との交流の機会の少なさについて、つながっている部分はあるが、基本的に分けて考えるべき問題と見ている。「情報が欲しい」ときと、「人と交流して悩みや孤独を解消したいし情報も欲しい」ときは似ているようだが、異なる状況なのだ。交流したくないけれど、生きていくために情報は欠かせない。そんなときもあるからだ。

例に挙げた日本アルビニズムネットワークだけでなく、さまざまな当事者コミュニティの設立経緯を見ると、「情報が少なくて困っている」「他の当事者と会って交流したい」という文言は多く見られる。

先ほど書いたように、世に溢れる情報はマイノリティ向けにはできていない。マジョリティのための情報が氾濫するなかで、必死の思いで自身や家族のマイノリティ性について調べ、考え、発信を試みてきた人々が当事者コミュニティの設立、運営を行ってきたのだ。全国各地の病院を巡った人もいたし、専門性もないなかで必死に英語で書かれた医学論文に目を通した人もいた。

私は大学で細胞生物学を学び、医学論文を読むこともあったが、その内容を理解するのは、苦労することだった。元々その分野の専門性を持たない人が、自身のマイノリティ性に悩みつつ、あるいは幼子の世話をしつつ、それをやる。その大変さは大学生の頃の私の比ではないだろう。

当事者コミュニティ設立に関わった人々、今も運営している人々に対して、感謝の気持ちはある。

私自身、その出会いがあったからこそ、出会えた友人がいる。

だが、話はこれで終わらない。絶対に、ここで終わらせてはいけない。

当事者コミュニティを作らなければならなかったのは、なぜか。

マイノリティやその周囲を、病院巡りや慣れない医学論文にあたるなどの、大変な努力をしなければ生きていけない状況に追いこんだのは、何なのか。

そこを、追及しなくてはいけない。当事者コミュニティに関する美談にして終わったら、真に責任を追及されて、変わるべき不均衡が、変わらないまま、温存されてしまうからだ。


マイノリティ性のある当事者やその周囲が情報を求めて必死になっている横で、公的な支援をするべき行政は、何をしていたのだろう。真っ先に、マイノリティやその周囲の人々のための情報発信をすべきだったのは、行政ではないだろうか。

何も、していないじゃないか。

何かをしていたとしても、あまりに遅々としていて、マイノリティを支援するには、不十分すぎる。

例えば、指定難病にもなるほどに当事者の少ないアルビノとして生きる私は、アルビノを理由に何か行政の支援を受けようとする際、役所に行く前に下調べが必要だ。窓口で「指定難病のこの手続きをしたいのですが」などと言っても、その制度の存在を知らない職員もいるからだ。スマホで厚生労働省をはじめとした行政の公式サイトを表示し、「これです」と見せないと、いつまで経っても手続きが円滑に進まない。黙っていたら情報や支援が得られないどころか、役所に手続きに行ってもこうなのだ。

公的な支援が行き届いていないから、自分たちでやるしかなかった。そういう側面が、当事者コミュニティにはある。

その認識は、マイノリティに関わる行政のなかで、どれほど共有されているだろうか。

障害者支援の計画に「ピアサポートの拡充」なんて文言が平然と書かれているのを見つけたとき、私は怒りで頭が真っ白になった。

マイノリティがどうにか生き延びるために作った当事者コミュニティの機能に、本来その仕事をするべきだった行政が、当然のように乗っかっている。自分たちがやるべきだった仕事を代わりにやってもらって、成果が出てきたら乗っかるなんて、搾取以外の何だというのだろう。

情報の少なさで困っているマイノリティや周囲の人々を助けるのは、行政などの公的なものであるべきだった。その責任を放棄してきた過去に無自覚なまま、当事者コミュニティを称賛するようなことは歓迎できない事態だ。そして、マジョリティもマイノリティも、この社会を生きる人すべてが、情報の不均衡や行政の責任放棄に目を向けていく必要がある。

4　マイノリティの運動を振り返る

本書ではマイノリティであるがゆえに、必要な情報を得るために誰かと「つながらなければならない」状況を問題としている。この問題を扱うにあたり、マイノリティの運動がどのように展開されてきたか、つまり運動の歴史を捉える必要がある。日本におけるセクシュアルマイノリティの運動と障害者の運動を中心に歴史を見ていく。

「つながる」ことを阻害され、社会から隔離された障害者や病者

かつて、障害者や病者とは社会とは遠く離れた施設に住んでいて、教育の場も生活の場も健常者と交わることのない人々だった。一括りにされ、障害種別や病気によって別の生活の場に追いやられて

いた一方で、施設内での理不尽な扱いに抗議したり地域での生活を試みたりするのはかなりの難易度だった。そのような状況下にあった障害者や病者が集まり、つながっていくことで始まったのが障害者や病者の当事者運動だ。

有名なのは、一九七〇年代の「青い芝の会」による、障害児を殺害した母親に対する社会の同情への痛烈な批判だ。『母よ!殺すな』(横塚晃一著、すずさわ書店、一九七五年/生活書院より再刊)といった言論や座りこみなどの運動が展開された。「青い芝の会」を発端として、バス乗車拒否への抗議や地域での自立生活の獲得を実現していった。

障害者や病者の障害種別、病気を越えた連帯も見られるが、諸外国に比べると連帯の規模が小さいのも事実だ。大きな障害者団体の一つの部門として各種障害のグループがあるのではなく、障害種別やその程度、病気によってそれぞれの団体がある状況が今現在もある。

今現在の障害者団体や病者の団体、当事者コミュニティの機能として、政治へのアクション、社会に向けた理解啓発活動、当事者同士の交流を通したピアサポート、当事者や家族に向けた情報提供が挙げられる。障害種別や程度、病気によって違う団体が存在する日本の性質上、人材や資金の不足からすべての機能をまんべんなく果たせているとは言い難い状況だ。

障害者や病者の当事者コミュニティは社会から隔離された当事者たちがつながることで力を得て、権利獲得に大きな貢献をしてきた。このような歴史的文脈を踏まえた上で、私は必要かつ根拠の明確な情報を得るためには当事者コミュニティに参加する以外の選択肢が用意されるべきだと考えている。「つながる」ことで権利を取り戻した歴史を参照しつつ、オンライン空間の発達した現代に合わせた手法を用いて、マイノリティの選択肢を多様にしていかなくてはいけない。選択肢を増やし、多彩な自己決定を可能にすることこそが権利回復なのだ。

クローゼットのなかから出て声を上げるセクシュアルマイノリティ

障害者や病者の運動と異なった形を取るのが、セクシュアルマイノリティの運動展開だ。社会から物理的にも隔離されていた障害者や病者と異なり、セクシュアルマイノリティの多くは自分のセクシュアリティやジェンダーアイデンティティを隠し、社会に埋没していた。セクシュアルマイノリティにおいて、自分のマイノリティ性を隠すことをクローゼットという。クローゼットから出て、自身のあり方を表明することをカミングアウト／カムアウト、また多くの人に表明して生きることをオープンという。

一九六九年、ニューヨークのゲイバー「ストーンウォール・イン」で摘発にやってきた警察官にセクシュアルマイノリティたちが抵抗した事件がセクシュアルマイノリティの運動における大きな転換点となっている。ゲイバーとされているが、そこにいたのはゲイのみではない。当時はさまざまなセクシュアルマイノリティを総称して「ゲイ」と呼んだのだ。

セクシュアルマイノリティが違法なものや治療を要する精神疾患として扱われていた時代を経て、各地でレインボープライドが開かれ、日本でも各地のレインボープライドが身近なものとなりつつある。

各々のマイノリティ性で「つながる」こともしつつ、大きな流れとしてレインボープライドを開催できる規模に発展することも同時に起きている。セクシュアルマイノリティの若者への支援、障害のあるセクシュアルマイノリティへの支援など、団体それぞれのテーマに取り組んでいる。社会や政治へのアクション、ピアサポート、情報交換が行われている。

ただ、昨今のトランスジェンダーへのバックラッシュのなかで、セクシュアルマイノリティにも分断が生じている。また、婚姻の平等についても意見が一致しているわけではない。

また、セクシュアルマイノリティの当事者コミュニティにアクセスすることやレインボープライドに参加することは、マイノリティ性を意図しない相手に明かしてしまうリスクを伴う。現実に生きる自分の身体でもってその場に行かなければ、情報や支援が受けられないがゆえに、そのリスクを取るしかないケースも生じる。

オンライン空間の活用を始めている団体もあるが、トランスジェンダーへのバックラッシュの影響もあり、思うようにいっていないのが実情だ。

必要な情報を得る際にリスクを負わなければならない状況は、変えていかなければならない。レインボープライドなどで存在が可視化されるのも大切だが、隠れたい人が不利益なく隠れられる環境整備も欠かせない。

番外編

私が「つながらない権利」を求めるまで——読書の旅を辿る

理系学生と社会学との出会い

私がマイノリティにも「つながらない権利」が欲しいと考えるようになった背景を明らかにするには、思考の変遷を見ていく必要がある。思考の変遷を見るのに有益な方法の一つに、読書の軌跡を辿ることが挙げられる。ここでは、番外編として私の読書の軌跡を辿り、思考の変遷を振り返ってみたい。まずは自身の遺伝疾患、アルビノをきっかけに生物学に興味を持った理系の学生がいかにして社会学に出会ったのかを辿りながら、読書案内をしていく。

私が高校に在学していた頃、一冊の本が世に出た。『アルビノを生きる』（川名紀美著、河出書房新社、二〇一三年）だ。本書は長らく絶版となっていたが、二〇二三年に新装版とその電子書籍版が発売された。

『アルビノを生きる』はタイトル通りアルビノの人々を取材したルポルタージュなの

だが、当時の私にとっては相当に画期的だった。地域の図書館と高校の図書館両方にリクエストをした記録があるほどだ。

というのも、アルビノは当事者が非常に少ないため、一冊丸々使ってアルビノについて書いた本、それも、医学や生物学の観点のみではなく、当事者の人生に寄り添った本は、読書家の私にとっても、初めてであった。

千葉県のアルビノ当事者、石井更幸さんが家族や同級生に心ない扱いをされた衝撃的なエピソードから始まるこの本は、アルビノ当事者たちが孤独に悩んでいたところから、それぞれにつながって、当事者運動を行う様子も描き出している。

私自身、アルビノ当事者として、交流会に足を運ぶことを考えるようになったきっかけもここにある。まずは自分のことを知りたい。そのためには他のアルビノ当事者に出会う必要があった。そして、地方在住の壁を実感した。

そもそも、その時点で私は自分の対人コミュニケーションに自信がなかった。発達障害については未診断ではあったが、コミュニケーションを行おうとすると、なぜか疎外される、うまくいかない現象については認識していた。

しかし、それでも自分は他のアルビノ当事者に会い、知る必要があると強く思っていた。この時点では、コミュニケーションの苦手さは、よりよい人生のために克服すべきものだったのだ。

大学に進学し、高校生までよりは多くの自由に使えるお金を得て、私はアルビノ当事者の交流会に参加した。それからは今までよりも情報収集が容易になった。当事者活動をしている人と知り合ったため、その人たちの名前を検索するなどして情報を追っていくこともできるようになるからだ。

『私がアルビノについて調べ考えて書いた本――当事者から始める社会学』（矢吹康夫著、生活書院、二〇一七年）は、そうして出会った本だ。

この本は、衝撃的だった。視機能の問題（弱視、羞明、眼振など）が克服できれば、他に問題はないと考える傾向が今よりずっと強かった私に、社会学の考え方は雷撃そのものだった。

著者でありアルビノ当事者でもある矢吹康夫さん自身の話を綴った序章から始まり、生物学、特に遺伝学におけるアルビノ、教育のなかでのアルビノ、またオタク文化や萌えのなかでのアルビノと、アルビノが置かれてきた状況をさまざまに分析した後、当事者たちのインタビューとそれに対する考察がなされている。

博士論文をもとにしていることもあり、難解な部分があることは否めないが、日本におけるアルビノの現状を総合的に知りたいのであれば、入り口としては最適といえる。いろいろな角度から見たアルビノについてここまでまとまっている書籍は現時点で他に心当たりがない。

それまではアルビノであるがゆえの困難に抗するには医学によって、視機能を回復するよりないと考え、医学や生物学に関心を寄せていたが、多面的に物事を見ること、またアルビノではなく、社会に抗する姿勢をこの本から教わった。「オタク」の一人として、疑問も持たずに消費していたアルビノ萌え、教育を受ける際の言葉にならないもやもや、そういったものに向き合い、言葉を得るための鍵や扉として、この本があった。

なお、現在の私は矢吹さんとはアルビノ萌えに対する立場が一致しているわけではない。批判はあってしかるべきだが、表現し続ける必要もあるし、私はアルビノが創作物に登場する世界を望んでいる。

本書では、私は自分が理系の学生であったことを折にふれて書いてきたが、それにも理由がある。どのように考えてきたかを辿るには、専攻分野は決して外せないからだ。

例えば、私は大学卒業間近に矢吹さんの著書にふれて、社会学に出会っているが、一般教養科目の選択次第ではもっと早くに出会っていただろうし、人文社会科学を学んでいたなら、社会学にふれることは必須だっただろう。
このような環境要因があり、私は本を通して、遅まきながら当事者の自覚を持ち、社会学を知るに至った。

少しずつ、社会学に足を踏み入れる

物心ついたときからともにある遺伝疾患、アルビノに関するルポルタージュや社会学の観点からインタビュー調査を重ねた成果をまとめた書籍を通して、私は社会学にふれた。

読書により、社会学における「スティグマ」や障害の「社会モデル」と「個人（医学）モデル」についても理解を深めつつあったが、それでも生物学を専攻していた期間に培われた、「障害は身体機能の欠落を指す」「性別とは性染色体によって決定されるものでしかない」といった発想は、当時の私に根強く残っていた。なお、現在の生物学の知見によれば、性別二元論は生物学的に正しいものではない。

自然科学に携わる人間に社会学の発想が存在しないとまでは言わないが、自然科学を探究する人々が社会学と接する機会は少ない。当然の帰結として、障害学生支援やセクシュアルマイノリティへの理解において、社会学の視点は抜け落ちやすくなる。
そんな背景から、社会学に興味を持ちつつも、「今までの自分の行いを否定されるようで怖い」と怖気づいて、私は「社会学」と明確に書かれた書籍を手に取るには至らなかった。

自身のセクシュアリティや障害といったマイノリティ性に向き合っていくなかで、その迷いを言葉にし始めたのが、私の文筆活動のはじまりだ。しかし、自分の迷いやもやもやを書き連ねようにも、特にジェンダーの分野において、私には適切な言葉がなかった。

外から見ると、当時はセクシュアリティに関する言葉が整理されきっていない時期であったのも一因ではあるだろう。しかし、自身の「男でも女でもない」「恋愛をしないし、他人に性的に惹かれない」特性をどう呼び表すべきかもわからずに混乱した。
そんなときに、『はじめてのジェンダー論』（加藤秀一著、有斐閣、二〇一七年）を勧められて手に取った。この本は、読み物としてもおもしろいだけでなく、章の最後に小さなワークや読書案内があるので、本の内容より先に学びを深めていくこともできる仕組みになっている。

読み進めていくうちに、私のジェンダーの問題についての理解がいかに浅かったか、痛感した。この本は身近な事例を取り上げつつ、ジェンダーを取り巻く多くの問題の理解へと導いてくれた。

性別役割分業、性決定、トランスジェンダー、リプロダクティブ・ヘルス・ライツなど、さまざまな問題の語られ方にひそむ差別的な構造を解き明かすけれど、語り口は優しく、難しいことをわかりやすく説明してくれており、決して怖い本ではない。

私自身、他人に面と向かって「あなたは差別主義者だ」と言ってしまいたいことは日常的に多くある。でも、そんな私も「あなたのしていることは差別である」と断じられるのは怖い。大急ぎで謝って、その場を去ってしまいたくなる。恥ずべきことをしたと知りながら、そこに留まる勇気はない。もちろんそのような態度を「深く反省して恥じるあまり去った」と取るか、「自分かわいさに対話を放棄した」と取るかは人それぞれで、それまで築いてきた関係性次第だ。どんなときも去るべきであるともいえないし、逆に、どんなときもその場に留まり対話するべきであるともいえない。

そういう意味で、この本は怖くない。差別構造に加担していることを責められるのではなく、考えてみるきっかけをもらえる。この本においては、どのように差別が生まれていて、それはなぜいけないのかが論理的に、非常に魅力的な理屈っぽさで語られているからだ。

この理屈っぽさが、他人に共感しにくい私にはとても合っていた。それに、論理的な伝え方は、トランスジェンダー差別や女性差別のひどさを知っても、「自分はその属性ではないから関係ない」と一蹴できてしまう人々にも届くように思えた。

大学で教科書として使われることを想定しているシリーズの一冊だけあって、言葉は易しいけれど、中身は深い。メディアがジェンダー観に与える影響について書かれた箇所は、執筆活動の幅を広げようとしていた当時の私に、背筋の伸びる思いを抱かせた。


考え方の基礎やジェンダーを語る際の言葉を手に入れてからしばらくのことだ。SNSで話題になった本があった。『ふれる社会学』(ケイン樹里安、上原健太郎編著、北樹出版、二〇一九年)だ。

『はじめてのジェンダー論』を何度も読み返し、社会学への苦手意識が薄れた頃でもあり、読みやすさや扱っているテーマへの評価も高かったので、読んでみることにした。

こちらも大学の教科書として使われることを想定している書籍だが、いい意味で衝撃的だった。『ふれる社会学』はスマホの話から始まるのだが、ふるまいやコミュニケーション、メディアとしてのスマホ、身体性の話をしている。身体性については、これまでに読んだ本でも目にしていたが、正直よくわからなかった。それが、身近にあるスマホを介した話で、劇的にわかりやすくなった。

各章は最後の章を除き、その章にちなんだ写真から始まる。「こんな風景、見覚えがある」と思うところから、文章に入っていける。写真の解説から入る章もあれば、章を読み終えた後だと写真が違って見える章もある。分担執筆で書かれており、それぞれの執筆者の人となりが見えるのも大きな特徴だ。

さまざまなところに入り口を開く工夫がされ、社会学の入り口はすぐそこにあったのだと『ふれる社会学』は教えてくれる。社会学は怖いものではなく、人生を豊かにする視点なのだ。

単に「差別はいけない」と言うのではなく、差別の構造や背景を知った上で、差別を否定する姿勢が大切だと社会学を扱った書籍に教わった。

社会学を学んでいくプロセスは、私にとって、傷が癒やされることであり、傷を自覚することでもあった。

自分のセクシュアリティの名前を知るために書店へ

自身がセクシュアルマイノリティに属することは理解していたものの、どの説明も何だかしっくり来なかった。

恋愛をしないこと、他者に性的に惹かれないこと、そして、自身に性別がないと感じること。それらを指す言葉――アロマンティック、アセクシュアル、ノンバイナリーなど――を知ってはいたものの、情報はあまりにも少なかった。私は、セクシュアルマイノリティのなかでも、マイノリティだったからだ。

セクシュアルマイノリティのなかでも、自分のような人々はどのような歴史を経て、今どう扱われていて、差別にどのように抗しているのか。日本語で読める情報源は、限られていた。

そんな折、アセクシュアルについて解説した本があると聞いて、私は迷わず購入した。それが、『見えない性的指向　アセクシュアルのすべて――誰にも性的魅力を感じない私たちについて』（ジュリー・ソンドラ・デッカー著、上田勢子訳、明石書店、二〇一九年）だ。

アセクシュアルの男女二人を描いたドラマ『恋せぬふたり』（ＮＨＫ、二〇二二年）にも登場するこの本は、アセクシュアルについて理解を深める入門書として最適だ。

性的指向やロマンティック指向（恋愛指向ともいう）は、本当に多様で、どんな性別の人を好きになるかだけではないことも教えてくれる。また、人より恋愛感情や他者への性的な惹かれが弱いけれど、ないわけではない、グレイロマンティックやグレイセクシュアルという自認のしかたもあるなど、多くの自認の形を知るきっかけとなる。

私自身、セクシュアリティを雑に認識していた節もあったが、本書を読んだことで、急に極彩色となって見えるようになった。それに、セクシュアリティの話をする上で、一番大事な考え方を身につけた。それは、セクシュアリティは、他人や医療に決められるものではなく、自分で決めるものであり、自分のなかでの認識の変化による流動性もある事実だ。一方で、他人や医療がセクシュアリティを変えさせようとする行為そのものが暴力であることは、明記しておく。

そうして、私はアロマンティック／アセクシュアルを明確に自認した。その上で、充実した人生を生きると決意したともいえる。

また、私は自分自身をシスジェンダー（性別違和のない状態）の女性だと感じることは少なかった。とはいえ、真逆にあるとされる男性であるとか、男性になりたいとか考えているわけではなかった。つまり、トランス男性ではなかったのだ。自分には性別がないと感じており、それが自分にとって望ましい状態と確信していた。それだけで、十分私は満足していた。

黙っていれば、シスジェンダーの女性のふりをして生活できる。だけど、私は、本来ならば、どのように尊重されるべきなのだろうか。

そうした問いのいくつかを『ノンバイナリーがわかる本――he でも she でもない、they たちのこと』（エリス・ヤング著、上田勢子訳、明石書店、二〇二一年）にぶつけてみた。ノンバイナリーと一口に言っても、それぞれの認識は多様であり、それらは肯定されるべきであることをあらためて確認した。

歴史や言語をはじめとした背景を通し、性別二元論に支配された現代社会は最初からそうあったわけではないと知り、「伝統」を盾にする人々の言葉を恐れる気持ちはなくなった。

各国の法律についてもふれているので、「日本でもノンバイナリーにきちんと配慮した法律ができるべきだが、どのような法律ならばいいのか」と迷ったときに考える材料としても、有益だ。

私はどのようにありたいか、そしてそれをどのように阻害されているか。

マイノリティの人生は、戦うべきものを見定め、照準を合わせるところから始まると言っても過言ではない。残念なことだけれど、座して待っていても状況は悪化するだけなのだから。

その意味で、自分のマイノリティ性を、自分の言葉だけではなく、他者の言葉でも知り、深めていくことは欠かせない。

時系列が前後するが、今日、トランスジェンダー、特にトランス女性へのヘイトスピーチが激化している事実は看過できない。世界中で起きているバックラッシュに、ヘイトスピーチに抗するべく、もう一冊本を紹介したい。

『トランスジェンダー問題――議論は正義のために』（ショーン・フェイ著、高井ゆと里訳、明石書店、二〇二二年）だ。トランスジェンダーの人々のトイレや入浴スペースについて、他人事として現実からかけ離れた議論をするより先に、誰もがするべきことがたくさんあると教えてくれる良書だ。

もしも、トランスジェンダーについてよく知らないままに、何か言いたくなったら、あるいは何か書きたくなったら、この本を読んでからにしてほしい。心からそう思う。

ただ、バックラッシュについても描かれており、人によっては読み進めるのにかなりのエネルギーを要するだろう。一気にではなく、章ごとに読むなど、読書の際の工夫もいるかもしれない。それでも、トランスジェンダーの人々が直面する現実を知りたいと思うならば、手に取ってみてほしい。

英語圏で書かれた書籍との奇跡的な出会い

発達障害の一つ、自閉スペクトラム症（ASD）であると診断を受けて、私がはじめにしたことは、発達障害に関する本を読むことだった。診断が出た二〇一八年当時は新型コロナウイルスもなく、各地で発達障害の当事者コミュニティや理解啓発のためのイベントがあったことは認識しているが、私はそこへは足を運ばなかった。

理由はいくつかあるが、主なものとして、ASDの特性ゆえに対人コミュニケーション、特に非言語のコミュニケーションを苦手としていることを診察のなかで指摘されたことがある。当然ながら、当事者コミュニティやイベントへの参加には、対人コミュニケーションが生じる。自分の得手不得手を知りたいと言って、すでに判明した苦手なことの集合している場所に行くのは、あまりにも非合理的に思えた。

また、当事者コミュニティやイベントでは、まだ受け入れる準備のできていない情報が雪崩のようにやってくることも考えられた。診断直後で、混乱のさなかにある私には、いつでも読むのをやめたり、読み返したりできる書籍の方が情報を得る手段としてフィットしたのだ。

そして、第1部でもふれたように、診断直後の私が、自分を含めた発達障害当事者への差別感情を抱いていたことも大きい。物心ついた頃から付き合ってきたマイノリティ性があるからこそ、それへの意識との比較により、「この状態で他の発達障害当事者と交流してしまうと、トラブルを生む」と判断できたのだろう。

そうして書店に足を運び、今に至るまで、発達障害関連書籍のチェックは欠かさないでいるが、「これだ」と思うものに出会うことはあまりなかった。少しは謎が解き明かされるのだが、どことなく期待外れな結果に終わることばかりだ。

私は、社会や周囲が優しくない前提で、サバイブする方法を知りたかった。その上で、シスジェンダー（性別違和を感じていない人々）ではないASD当事者も想定した話をしてほしかった。そして、「何とか人並みにやっていきましょう」と言われるだけではなく、「あなたに合う方法で、才能を活かしましょう」とエンパワーメントされたかった。私は「できない」のではなく、「最適な方法さえあれば、才能を発揮できる」と思いたかった。

発達障害の女性に焦点を当てた書籍も見られるようになり、そこからいくつかの実践的な知識を得たものの、異性愛規範の強い書き方にげんなりすることもあった。ただ、発達障害の症状や生じる困難には性差があるのではないかとも考えていたので、発達障害の女性を対象にした書籍のチェックは欠かさなかった。

ある研究発表を聴いたことで出会った書籍、『アスパーガール——アスペルガーの女性に力を』（ルディ・シモン著、牧野恵訳、スペクトラム出版社、二〇一一年）と『自閉スペクトラム症の女の子が出会う世界——幼児期から老年期まで』（サラ・ヘンドリックス著、堀越英美訳、河出書房新社、二〇二一年）は、私にとって画期的な本だった。

どちらも英語圏のASD当事者の女性の文筆家によって書かれた書籍で、書かれていることは、私にとって実感のあるものだった。書かれていることのすべてに自分が当てはまるわけではないが、原因と結果がしっかり説明されているがゆえに、理解はしやすかった。

また、『自閉スペクトラム症の女の子が出会う世界』においては、セクシュアリティと性自認にふれている章がある。近年世界中で激化しているトランスジェンダーへのバックラッシュを意識してか、ASDであり、トランスジェンダーでもある場合、生じる困難はより大きくなることも述べている。

セクシュアルマイノリティが「病気」と扱われ、病気ではないと運動してきた歴史（病理化から脱病理化へ）があるために、セクシュアルマイノリティと精神疾患や発達障害を関連づけて語ることを許さない人々も多い。その警戒はもっともだけれど、セクシュアルマイノリティであり、発達障害当事者でもある私のような人間の行き場を失くしかねない言動は、誰であっても容認できるものではない。

二〇一一年に刊行されている『アスパーガール』でも、ASDの女性が性別不詳に見える服装を選びがちである場合やジェンダーアイデンティティへの言及がされており、非常にほっとしたのを覚えている。

この二冊は、発達障害のある私の居場所となった。

発達障害に関しての書籍では、英語圏のものが私のニーズを満たす傾向にある。特に、『アスパーガール』の第10章「大学」で、アドバイスとして、「大学を終えるかどうかによって、非常に多くのことが変わってきます。お金、時間、将来、生活の質、自立性。」

（一五九ページ）と記されているのを読んだときには、私は顔も知らない著者にお礼を言いたくなった。

残酷な事実だが、大学を卒業しているかいないかで、その後の人生は大きく変わってしまう。そのことは最終学歴による年収の違い、就ける職業の違いとして表出する。マイノリティであるからこそ、より強固に残酷な現実がのしかかってくる。

著者の表現は能力主義に陥るリスクを秘めている。現実に最終学歴を理由とした差別は存在しており、減らしていかなければならない。でも、障害やジェンダー、最終学歴で差別が行われている今を生きるASDの女性が生存するのに必要なメッセージだ。最終学歴が年収やその先の人生に大きく影響することを私たちは知っているからだ。能力主義は薄めるべきだが、その事実をASDの女性に告げずにいるのは不誠実ですらあると私は考える。

発達障害当事者、あるいは保護者、支援者にとって、どのような情報、言説がニーズを満たすかは、その人の考え方や環境によって異なるだろう。

他の当事者とつながるのを避けるべき／避けたい時期に、必要な情報を得るのに、私には書籍が有効だったが、人によっては、Webサイトの文章や動画、スライドなどが有効かもしれない。

読書がつながりたくない／つながれない状況下の私の救いとなったように、似た状況の誰かにも必要な情報が当たり前に届くような社会にするには、何が必要なのだろうか。そういった疑問も生まれてきた。

多くの言葉を借りながら、自身の希望や適性を見極めていく

私が自身の適性を知るのには、多くの時間を要した。発達障害の診断が出てから五年もの月日が経った今も、自身の感覚や思考が定型発達の人々と比較してどのように〝特異〟であるのかを完璧に説明できる自信はない。

それでも、病院での診察やカウンセリング、読書を通して、その骨格を描き出せるようになった。

障害に関する情報を集めるようになって、頻繁に目にしたのが、「当事者研究」なる言葉だった。

当事者研究について調べれば調べるほど、当事者が他の当事者とともに自身に起きて

いる課題や困りごとを言語化していくことへの疑問は深まっていった。

障害者運動のなかで、「私たちのことを私たち抜きに決めないで」というフレーズがあり、それには頷けた私も、当事者研究にはどうにも納得できなかった。

それは、コントロール群があり、再現性があることが前提とされる自然科学をバックグラウンドとしている私には、当事者研究のあいまいさは、薄氷の上を歩くような怖さを秘めていると映ったからかもしれないし、この概念を受け入れれば、誰かと「つながる」必要性を認めなければならないという危機感だったかもしれない。

とはいえ、他人の記述から学べることは多いだろうと思い、『発達障害当事者研究――ゆっくりていねいにつながりたい』（綾屋紗月、熊谷晋一郎著、医学書院、二〇〇八年）を開いてみた。

わかったのは、他人の感覚はわからないという、至極当たり前のことだった。

著者の一人、綾屋紗月さんは私と同じ発達障害の一つ、ＡＳＤ（本書のなかではアスペルガー症候群と書かれている）の診断を受けているが、その感覚の多くは私にはわからないものだった。

私の世界で、モノが語り出すことはない。

食事をしたいか、何を食べたいかに困惑する事態は、私には縁遠いものだ。どうすべきか、ルーティンを作ってしまいさえすれば、私はそれに従って手を動かし、消化器官も機能する。

声を出すことに困難を感じることはないではないが、その代わりに使うものは手話ではない。私はアルビノゆえの弱視のせいか、認知特性のせいか、手話を「何か手が動いている」としか認識できない。声の代わりには程遠い。

それでも、「これは知っている」と思う話もあった。疲労がわからないことに悩むこともあった私には、「1章　体の内側の声を聞く」に書かれていることの一部がそれだった。

同じ障害の診断を持っていても、感覚は違っている。わかる／わからないのなかで、私は当事者間の差異をあらためてしっかり認識できた。

『つながり過ぎないでいい――非定型発達の生存戦略』（尹雄大著、亜紀書房、二〇二二年）は、つながることから逃げたくてたまらなかった頃にタイトルを見て即座に購入した書籍だ。

発達障害をテーマにしているが、言葉やコミュニケーションを巡る思考が綴られており、私にはとても興味深かった。コミュニケーションの話題といえば、とにかく、「つながりましょう」「他者とうまくつながるには」に終始するのに、著者の尹雄大さんは、「滑らかにコミュニケーションできる」ことに疑問を抱く。

今まで他者に感じてきた謎が少し解き明かされる本だった。同時に、コミュニケーションが上手ではないことを、他者から、弱みとしてではなく、強みとして評価されうるのではないか、とも思えた。

コミュニケーションが怖い、逃げたいと思う私にとって、この本は柔らかく受け止めてくれる存在だった。「逃げてはいけない」と思えば思うほど、コミュニケーションを行うのに必要なエネルギーは多くなっていく、そんな時期の私には欠かせない視点をもらえた。

この社会には、やらないといけない（と思われている）ことが多すぎる。家事、育児、仕事、他者との交流……。こうもやることが多くては、真にやりたいことに没頭する時間が足りない。まして、私のように疲れやすければ、なおのことだ。

そんな風に考えていたので、『「しなくていいこと」を決めると、人生が一気にラクになる——精神科医が教える「生きづらさ」を減らすコツ』（本田秀夫著、ダイヤモンド社、二〇二一年）はさらに思考を解き放ってくれる存在となった。

本書は、発達障害についての著書を多く出しており、発達障害について知りたい人々の間では有名な著者が書いているのだが、タイトルからもわかる通り、発達障害傾向のある人々を含めた、生きづらさを抱える人々に向けて書かれている。

この発想が、私には目から鱗だった。障害、つまり医師によって健常者と何らかの差異があると診断された状態でしか、配慮や支援は受けられないと思ってきたからだった。それは、私を取り巻く制度がそうできていたからこそ生まれた思いこみなのだが、この思いこみは非常に危うい。それは、発達障害傾向はあるけれども診断には至らない、「発達障害グレーゾーン」の人々や、片目を失明しているけれど、もう片方は見えているからと視覚障害者として認められない人々への合理的配慮や支援を、診断がないから不要と判断しかねないものだ。

本書はそんな思いこみとは真逆の発想で書かれており、発達障害の診断があろうとなかろうと、しなければいけないことは、本当にそんなにたくさんあるのだろうか、と問いかけてくれる。

自分に合ったやり方で自分の能力を活かせるように考えていこう。そんな優しくも力強いメッセージに溢れた本だった。

自分と他人は違う。

同じ部分はあっても、完全に一致はしない。

それゆえに言葉にする必要を感じつつも、コミュニケーションからは逃げたくなる。

でも、言葉にする必要を感じていることと、コミュニケーションから逃げたいことは、本当に矛盾しているのだろうか。

そんなことを考えながら、読書の旅を続けていった。

マイノリティだからこそコミュニケーションを要請される「しんどさ」を言葉にしていく

受験や進学に伴い、私は事前の面談や書類での申請を行う必要があった。視覚障害があること、日焼けに弱いこと、容姿が特殊であることについての説明をし、先方から対応の提案を受け、協議し、合意する。

その過程を経てようやく、目的である受験や進学が可能となる。

学生をしていた頃は、仕方ないと思っていた。自分には障害があるのだから、説明して、対応を求める必要がある、と認識していた。

しかし、社会学や障害学にふれていくにつれ、「仕方なくないのではないか」と疑問が出てくる。

合理的配慮の申請に際し、医師の診断書や意見書を求められることは珍しくない。病院へ行ってその手続きをするのも、保険適用外になる文書代を支払うのも、私や私の保護者だ。郵送や電話、メールでの先方とのやり取りも、時間と体力を奪っていく。合理的配慮を必要としない受験生は受験勉強に使える労力を、私は合理的配慮を得るために使わなくてはならない。

個別の事情は誰にでもある。けれど、マイノリティの側に負担が偏るのであれば、それは、不平等ではないか。

それに加え、マイノリティは学校や雇用主のような管理者に合理的配慮を要請するだけでなく、同級生や同僚など、周囲の人々に「適切に」サポートを依頼するコミュニケーションを「強いられる」ケースがある。

教員や雇用主にそのようなコミュニケーションを命じられることもあるが、そうせざるを得ない環境であるがゆえに仕方なく行うこともある。

合理的配慮の申請時だけでなく、日常のシーンでサポートを依頼するのにも、コミュニケーションがいる。しかもそれは、マイノリティ性のカミングアウトを含んでしまう。言わなければ、合理的配慮やサポートは受けられない。学業や仕事に支障が出るから、言うしかない。

ニーズの表明が合理的配慮の前提となっていることへの批判をはじめ、障害の社会モデルをよりうまく使っていくために書かれた書籍『「社会」を扱う新たなモード――「障害の社会モデル」の使い方』（飯野由里子、星加良司、西倉実季著、生活書院、二〇二二年）には、現状を疑い、よりよくしていく方策を考える視点を強化してもらった。

障害の社会モデルは大切な概念だが、大事なのはその使い方である。隙あらば社会の責任を小さく、マイノリティの責任や努力の範囲を大きくしようとしてくるこの社会に抗い続けるために欠かせないことを、本書からたくさん教わった。

障害の社会モデルは、思っているよりもずっと深くて、差別をなくすために有効な概念なのだ。そのことを、あらためて胸に刻んだ。

障害の社会モデルを扱う上で、『障害社会学という視座――社会モデルから社会学的反省へ』（榊原賢二郎編著、新曜社、二〇一九年）も読んでみてほしい。

具体的な事例のないままに、「障害を社会モデルで捉えよう」と言われても、それだけでは実践に結びつきにくい。どのように社会モデルを使っていくのか、事例をどう捉えるのかは、具体的な事例をもとに考える機会によって養われるものだ。

本書は六人の研究者の分担執筆、それらをまとめる編集によって成立している。髪がない女性の生きづらさ、発達障害に対するSST（ソーシャル・スキル・トレーニング）、知的障害者の親との離れがたさ、障害者スポーツ、ALSから考える進行していく病について、吃音について、とそれぞれの章で焦点を当てられていることが大きく異なっている。

読者にある程度障害への知識がある（吃音やALSを大まかにでも知っている状態）のであれば、本書は視野を広げる契機になる。

例えば、私は、執筆者の一人、吉村さやかさんの「1章　「女性に髪の毛がないこと」とは、どのような「障害」なのか」を読むために本書を購入している。他の章で取り上げられているトピックについては、「せっかく本を買ったのだから読んでみよう」と思って読み進めたのが正直なところだ。

これがいい出会いとなった。大まかにしか知らなかったことが、事例とともに書かれた研究者の文章によって、より細やかな事象となって浮かんできた。

発達障害支援の一環として行われるSSTをはじめ、こんなにも身近に、障害の社会モデル、そして障害について考えるきっかけはあった。私はつい日常をぼんやりと過ごしてしまいがちだが、少しずつでも観察し、考えられるようになろうと決意した。


マイノリティだからこそ、何かを強いられる。機会が平等でない。

それを差別という。

それなら、情報や合理的配慮、サポートなど生存に必要なものを得るために、マイノリティがコミュニケーションを強いられることは、不平等だろう。

マイノリティでなければ、インターネットで検索することで、大抵の情報を得られるのに、マイノリティはそうはいかない。

マイノリティであるがゆえに、生存のために、マジョリティよりもずっと強固に、コミュニケーションからの逃避を許されない。

情報は溢れている。ただし、マイノリティのことは想定されていない。

そんな現状が、マイノリティをコミュニケーションから逃さないのだ。

第2部　対話編

第2部では、本書のもととなるWeb連載のなかで行ったインタビューを掲載する。取材実施時点までの連載の内容に基づきインタビューを行ったため、「本連載」等の表記は当時のままとしている。

1 「障害の社会モデル」の観点から考える、マイノリティの「つながらない権利」

飯野由里子さんインタビュー

私が「マイノリティの「つながらない権利」」を求めるようになった大きな契機として、「障害の社会モデル」との出会いがある。文筆業のなかで「障害の社会モデル」への考えを深めていくうちに、『「社会」を扱う新たなモード――「障害の社会モデル」の使い方』（飯野由里子、星加良司、西倉実季著、生活書院、二〇二二年）を手に取り、「障害の社会モデル」がより具体的に見えてきた。同書の著者の一人であり、インターセクショナリティの考え方に基づいてふぇみ・ゼミ&カフェの運営委員もつとめる飯野由里子さんに、マイノリティの「つながらない権利」について、お話を伺った。

飯野由里子（いいの　ゆりこ）

専門はフェミニズム理論、クィア理論、障害理論。

東京大学大学院教育学研究科附属バリアフリー教育開発研究センター勤務。一般社団法人ふぇみ・ゼミ&カフェ運営委員。

著書に、『レズビアンである〈わたしたち〉のストーリー』（生活書院、二〇〇八年）、『合理的配慮——対話を開く、対話が拓く』（共著、有斐閣、二〇一六年）、『クィア・スタディーズをひらく 1——アイデンティティ、コミュニティ、スペース』（共編、晃洋書房、二〇一九年）、『「社会」を扱う新たなモード——「障害の社会モデル」の使い方』（共著、生活書院、二〇二二年）などがある。

YouTubeで「となりのニューロダイバーシティ」と題し、発達障害特性のある人同士で対話を行っている。https://www.youtube.com/playlist?list=PLBGXrClohnkK9FUvrUDq3wjOlpjIHuOmX

社会に溢れる情報は偏っている

——本連載をお読みになって、どう感じられたか、お聞きしたいです。

飯野さん（以下、飯野）連載を通して全体でおっしゃっていることには、共感するところも多かったです。この社会を、誰もが必要な資源にアクセスできるようになっているかという観点から眺めてみると、そこにはマジョリティ性を帯びた人とマイノリティ性を帯びた人との間に大きな格差があることがわかります。前者の人々にとって必要な情報はあらかじめ用意されていて、自動的に得られることが多いけれど、後者の人々にとっては、多くの場合、そうなっていません。結果、マイノリティ性を帯びた人々は、時間と労力を割いて、自分の必要な情報を探し、それを取りにいく必要が出てきます。

『「社会」を扱う新たなモード――「障害の社会モデル」の使い方』のなかで、私はそういった格差を「情報面の偏り」と表現しています。社会モデルの視点は、そのような偏りがいかに社会的に生じているのかを問い、そこにある種の社会的不正義を見出していくためのものです。その点では、雁屋さんがこの連載で伝えたいことは社会モデルの観点から整理し直すことができます。例えば、「世に溢れる情報はマイノリティ向けにはできていない」(本書七四ページ)という一文は、社会モデルの視点から書かれたものです。

――マイノリティ向けの情報は、そもそも存在していない場合もあります。その一文は、アルビノについての情報が当事者になかなか行きわたらなかった経緯をかなり意識していました。

飯野　特に難病などはそうですよね。情報が、そもそも存在していないことがある。だからこそ、当事者運動のなかには、研究者や医師に働きかけて、従来は医療者や研究者に独占されていた情報をシェアしてもらい、当事者も自分たちの情報を提供して研究や臨床に役立ててもらうという関係を作らざるを得なかったものもある。エイズ・アクティビズムはその先駆けですね。情報の偏りがどう生じ、それにどう対処できるのかという問題については、そういった経緯も踏まえて、見ていく必要があります。

——サイエンスコミュニケーションをやっていこうと考えている私にとっては、避けて通れない話題に思えます。とはいえ、当事者コミュニティにおけるコミュニケーションから逃げたい気持ちは消えません。

飯野　マイノリティが情報を取りにいく先として、当事者コミュニティが挙がっているのも印象的でした。これはどうしてですか。

——私も、障害や疾患のことであれば、医学論文や学術書を思いつきますし、私を含め、実際に論文サイトに疾患名を入れて論文を読んでいる当事者もいます。でも、そもそも論文を読めるのは高等教育を受けていて、英語が読める人ばかりですよね。それでは、マイノリティのなかでも、一部の人しかアクセスできません。でも、当事者コミュニティであれば、日本語でよくて、論文を理解するような基礎知識を持ち合わせている必要がないんです。その意味では、情報を得る手段として、現状ではある程度有効と考えています。

飯野　確かに、マイノリティの間にも、学歴や言語といった偏りがありますね。また、雁屋さんも書いておられましたが、たとえ当事者コミュニティにアクセスできたとしても、そこで安全に居心地よく、気兼ねなく自由に話せる人と、そうでない人がいますよね。これはインターセクショナリティやバリアの重層性、連動性の話にもなってきますが、例えば障害者コミュニティでの恋愛至上主義や異性愛至上主義や女性蔑視、セクシュアルマイノリティのコミュニティでの精神障害者差別などは、その人がどの程度安全に気兼ねなく話せるかどうかに影響を与えます。雁屋さんは、「コミュニケーションが苦手」と思っておられるからか、連載のなかでもさまざまな偏りを指摘されていて、そこが興味深く、社会モデルの観点からも重要だと思います。

——いろいろな偏りを挙げたのは、安全でいられない人が生じる事態は、どのマイノリティのコミュニティでも起こりうるし、起きていると伝えたかったのが大きくあります。何らかのマイノリティ性によって特異的にコミュニティの安全性が失われるわけではなくて、どこでもそのリスクがあるんです。

飯野　そこを意識することは大事です。

「コミュニケーション」とは何なのか

――発達障害特性には、「対人コミュニケーションが苦手」ということがあります。ASDの私も、対人コミュニケーションは大の苦手です。そんな風に、対人コミュニケーションが苦手な人が集まっても、いい結果になるとは思えず、発達障害関連のコミュニティを避けているのですが、当事者コミュニティであるからこそ、対人コミュニケーションから逃げられないことについては、どうお考えですか。

飯野　私もASD傾向をもつ人間なので、雁屋さんのおっしゃることには共感する部分もあります。しかし、コミュニケーション能力とは何なのか、「対人コミュニケーション」と私たちが認識しているものは何なのかを、社会モデルの視点で問い直す必要もあります。私も他者といろいろな前提を共有していないので、コミュニケーションにおいて齟齬が生じることが多いです。それは自分の脳の特性のせいもあるかなと思う一方、「日本に住んでいるのだから同じ前提や認識枠組みを共有しているはずだ」という社会文化的な規範が非常に強いからではないかとも感じます。

――今のお話で、ポリアモリー（お互いの同意の上で、複数の人と親密な関係を築く恋愛のスタイル、ライフスタイル）を実践している方々から「対話」について聞いたことを思い出しました。ポリアモリーの方々は、相手が想定外に自分と違っている可能性を考慮して「対話」を行っているそうです。その「対話」と、相手が自分と同じであることを前提にする「コミュニケーション」とでは、前提からして異なって見えます。

飯野　その通りだと思います。「コミュニケーション」が得意であることと、「対話」ができることとは違うと思います。対話は、相手との関係性を構築していく際、どういうコミュニケーション方法が合うのか／合わないのかを探っていく過程も含みます。したがってそれは、上手か／下手かというような話ではありません。

――言われてみれば、学生時代の女性同士の共感などを主目的にしたコミュニケーションは苦手でしたが、仕事をするようになって、メールやチャットでするテキストコミュニケーションはそこまで苦手意識がないですね。

飯野　ビジネスにおけるテキストコミュニケーションは、雁屋さんに合っていたんじゃないでしょうか。それに、人は「違っていて当たり前」なので、関わっていれば、コンフリクト（衝突）はどうしても起きます。コンフリクトを起こさない方法ではなく、コンフリクトが起きたときにどう対処するかを学校教育でも教えるべきなのに、日本においては、対人トラブルを起こさない子が「いい子」とされます。それでは、コンフリクトに向き合うことのできる大人にはなれませんよね。

——対人トラブルを起こさないように、と考えて人を避けていた過去があるので、とても実感のわくお話です。

飯野　多様な社会においては、「違っていて当たり前」。だからこそ、「コンフリクトも生じる」んです。

拡張する「つながらない権利」

——「障害の社会モデル」の観点から、マイノリティの「つながらない権利」を見ていくと、他にもいろいろな気づきが生まれそうです。

飯野　私が一つお聞きしたいのが、「つながる／つながらないは二択なのだろうか」ということです。雁屋さんは連載のなかで二択のように書かれていますが、本来は二択ではなくて、もっとグラデーションがあるはずです。

――つながり方にグラデーションがあるとは、どういうことでしょうか。

飯野　例えば、当事者コミュニティAがあったとします。そこにいつからいつまで、どのような形でつながるか、あるいはつながらないかを選ぶことができる方がいいですよね。つながったらずっと、しっかりコミットしないといけないのであれば、それは大変です。

――そうですよね。つながり方にも、時間やコミットのしかたのグラデーションがあっていいはずです。

飯野　また、当事者コミュニティのなかでも、誰とどこまで、いつまで、つながるか、など細かく選べる必要があります。この連載は、そういった自己決定権も含めた、マイノリティの「つながらない権利」に拡張していくことが可能です。

当事者から社会モデルが抜け落ちてしまう社会

――当事者コミュニティに参加しているからこそ、「あの人は自分と視力がさほど変わらないのにすごく優秀だ」などと感じてしまい、劣等感を抱いてしまうこともあると思います。当事者コミュニティの話をしていると、どうしても、能力主義から逃れられないように感じるのですが、そこについて、飯野さんはどうお考えですか。

飯野　今のお話は、連載第四回の「マイノリティ性が〝剝がれる〟ことへの恐怖」（本書二四ページ）でも書かれていますね。正直に言うと、私はこの回で雁屋さんがおっしゃっている「マイノリティ性が〝剝がれ落ちた〟」という感覚がうまく摑めなかったんです。むしろそこで書かれているエピソードを、私は雁屋さんがアルビノや視覚障害のある人々の多様性にふれた瞬間を描いたものとして読みました。雁屋さんが、「マイノリティ性が〝剝がれ落ちた〟」と捉えた理由についてもう少し教えてもらえますか。

――それまで、自分のアルビノに由来する容姿ゆえに遠巻きにされて人と親しくなるのが難しい、あるいはロービジョンであるためにできないことがあると理解してきた過去の経験が、自分と症状の似ている当事者と出会って、解釈を変えざるをえなくなるんです。出会った当事者と自分を比較して、アルビノという条件が打ち消されてしまい、他のところに原因があったのではないか、それはもしかして自分の努力が足りなかったのではないか、と自分の至らなさを突きつけられているように感じてしまいます。

飯野　〝打ち消される〟ですか。今お話ししていてご自身でも「すごく個人モデル的な発想だな」と思ったのではないでしょうか。個人モデル的な捉え方が強力に働いている社会だと、当事者自身も、個人モデル的な観点から自分のことを評価し、自分の苦手さやできなさの原因を自分のなかに見出してしまいます。でも、そういう時にこそ、あえて社会モデルの視点を使ってみてほしい、とは思っています。

――私のなかで発生した他の当事者との比較は、自然科学における対照実験に近い考え方でしたが、そこでは社会的な要素が抜け落ちていました。

飯野　なぜ抜け落ちてしまうのか、それを考えるのも大事です。先ほどの能力主義の話にも関わってきますね。私たちの社会では、何かが人よりできること、より優秀であることが、無批判に、望ましいこととして想定されています。でも、本当にそうなんでしょうか。

――私の自信の多くを占めるのは、何かができる実感、それから「適性のあることなら、やってみたらできるだろう」という自身の能力への信頼なんですね。ちょっと変わった発想かもしれませんが。でも実は、環境によって得られる経験が違うことは数多くあります。実際には能力があるのに、できない人として扱われ続ける経験がその人を本当にできない人にしてしまっていることは少なくないと感じています。

飯野　その通りですね。だからこそ、連載第四回（「マイノリティ性が〝剝がれる〟ことへの恐怖」本書二四ページ）のエピソードは、「障害者はできない人である」とする社会のイメージに合わせよう、そうみなされないと苦しいと思って生きてきた雁屋さんが、他の当事者と出会うことで、そんなことを気にしないで自由にやりたいことをやっていいんだと気づく。そういう解放の瞬間にもなりえたのではないか、と思ったんです。

――その発想はありませんでした。

飯野　社会の側に、そうした発想を難しくしている要因があるのだと思います。『「社会」を扱う新たなモード――「障害の社会モデル」の使い方』の第五章四節「なぜインペアメントが「ある」ことを疑うのか？」で、白杖を持って歩いていないとき、つまり社会がイメージする「視覚障害者」らしく自分を見せていないとき、周囲からの配慮が得られなかったという、ある弱視難聴の方の事例を紹介しています。私はこれを人の自由の制約に関わる問題として捉えています。つまり、この方がこの方らしくあることを、社会の側が認めていない。ありのままで存在することを認めていない。そういう問題として捉えているんですね。

――ヘルプマークや白杖を装備する／しないについては当事者のなかでも議論がありますが、社会から自己決定に踏みこまれていることにはあまり気づけていませんでした。「いざっていうときに（周囲に）わかりやすいから持っていてもいいかもしれない」などと口にしていながら、その意味するところの一部を見落としていました。

飯野　社会のなかに流通している障害イメージが、能力としつこく結びついていることの問題でもあります。例えば、視覚障害者は嗅覚や触覚に優れているとするイメージなどはその一例です。もちろん、そういう人もいるだろうけど、そんな人ばかりじゃないですよね。もっと言えば、障害があるからこそ、それを補ってあまりあるほどに何かができると証明しなければならないという規範もあります。社会は、「無能力」と「特殊能力／有能さ」の相反する二つのイメージを通して、障害者を振り回し、コントロールしているように思います。

――とても心当たりがあります。私自身、一日八時間は働けないからこそ、それを帳消しにするほどの優秀さを見せなければならないと感じていた時期がありました。それも個人モデルですね。でも、実際に障害者の賃金の低さの問題もあり、障害を補ってあまりあるほどに優秀でないといけない、そうでなければ低賃金での労働を受け入れるしかないという恐怖も存在しています。障害者個人が生存戦略として障害を補ってあまりあるほどに優秀であろうとするのは間違ってはいませんが、その生存戦略を選ばせているものにも目を向けたいです。

飯野　「障害があるからこそ、何かに優れていなければならない」とする規範を社会モデルの観点から捉え直していく。その規範が不正義を生み出している可能性に気づいていく必要があります。自分の側にではなく、規範や制度の側に問題があると捉え直すことによって、連載第四回（「マイノリティ性が〝剝がれる〟ことへの恐怖」本書二四ページ）で取り上げられていた雁屋さんの経験が新たな解釈に開かれていくといいなと思っています。

差別に気づく、自分のニーズに気づく

――この連載の企画にあたって、大型書店をいくつか歩き回って、どんな言説が多いのか、タイトルから見ていきました。障害者をはじめとしたマイノリティ性のある側に変容を求める言説が多い印象でした。それもあって、私は「そもそもマイノリティばかりが変わることを求められるのはおかしい」というところから出発しています。

飯野 そこにも社会の偏りが反映されていますね。私もその偏りには問題があると思っています。

――広い意味では言説に含まれるのかもしれませんが、マイノリティ表象もそうですよね。一つひとつの言説、表象に問題はないかもしれないし、それらを逐一チェックするつもりはありません。でも、そういった言説、表象の集合体が特定の人に不利益を与えていることはあります。例えば、日本におけるアルビノのイメージは「儚い」「病弱」が多くを占めていることなどもそうです。

飯野 『ポリティカル・コレクトネスからどこへ』（清水晶子、ハン・トンヒョン、飯野由里子著、有斐閣、

二〇二二年）でも繰り返しふれていますが、日本では差別が心の問題として理解されてしまっています。「差別とは悪意のある人がすることだ」という理解ですね。しかし、差別はそういうものではない。むしろ、それぞれが「これがふつうだ」「これが正しい」と思ってやっていることが社会のなかに偏りを作り出し、特定の人々により大きな不利益を振り分けてしまっているのです。差別をそういった構造として認識し、それを作り出しているのは私たち一人ひとりの日常実践なのだと意識する必要があります。日常実践において、どういった視点を持ち、どういった点に注意を払い、どういった問題意識を持つのか。そのことが、一人ひとりに問われているのです。社会は、誰か偉い人が変えてくれるわけでも、自分一人だけで変えられるものでもなく、社会の構成員一人ひとりの日常実践を通してでしか変えていけないものです。そういったことも「つながる」の一形態として捉えることができるのではないでしょうか。

――悪意もなく自然にやってしまうことが差別になりうるなら、マイノリティ性のある人々は差別を内面化しやすく、自分自身が差別されていると知ること、そして自分のニーズに気づくことがかなり難しいのではないでしょうか。

飯野　「自分と同じ病気の人しかいない世界があるとしたら、それはどんな世界だろう？」という思考実験をしてみてはどうでしょう。現実の社会と架空の世界を比較してみると、現実社会に生きている自分のニーズが見えてくることがあります。例えば、「アルビノの人しかいない世界」があるとしたら、それはどんな世界でしょうか。

——アルビノの人は日焼けに弱いので、その世界では地下都市を形成しているかもしれませんね。日光を浴びるのは必要最低限の健康のための行為で、移動も出勤も、極力日光を浴びずに成り立つ世界になっていそうです。それに、皆アルビノだからロービジョンについても問題にされないかもしれません。それに、美の基準も現実とは違ったものになるでしょうね。

飯野　いい感じですね。そういった思考実験を通して、「できることならば、自分はこうしたいんだな」と気づけます。自分のやりたいことやニーズが発見できたりします。環境が変われば、経験も変わりうることを実感できる思考実験です。

社会をよくするための「つながる」

——研究で解明されたことなどが当事者にはあまり共有されないし、たとえオープンソースの論文であっても、読みこなせる当事者は稀です。そんななかで、当事者の自助努力に任せっきりではなく、必要な情報が当事者にちゃんと届く社会を実現するにはどういった条件が欠かせないのでしょうか。

飯野　今のは、専門的な言葉をその専門性を持たない人に伝えていく「翻訳」の話ですね。それは、ライターのお仕事でもあるだろうし、先ほど雁屋さんがサイエンスコミュニケーションを重視しているとおっしゃったこととつながってきそうです。質問にお答えすると、情報面の偏りはマイノリティとマジョリティの間だけではなく、マイノリティの間でも生じているので、社会としてどのように情報を保障していくのかが重要だと考えます。情報の入手手段、量、質などですね。入手手段では、点字や音声、外国語などすでに多様化されているものもあり、一部は法制化もされています。行政が責任を持ってやるべき部分もありますが、そこから何がこぼれ落ちるのか、こぼれ落ちた部分についてどうするのか、という議論も大切です。

多くの差別が野放しになっている日本の現状を踏まえると、情報を提供する際にもインターセクショナリティやバリアの重層性・連動性の視点を持つこと、差別に反対していこうとする姿勢が不可欠だと考えます。そうしたことを意識していないと、適切な情報発信を行っているつもりが、バックラッシュやヘイトの言説を再生産していた、なんてこともありますから。

――情報を作って届けていくことは、本当に一筋縄ではないとあらためて実感しました。こういった情報を作り、発信するのは当事者ではなく行政が責任を持ってやるべきだと考えていたこともあったのですが、現状を思えば、そこにも何らかの差別や意図が混入しそうで怖いです。こういったことは、誰がやるのがいいのでしょうか。

飯野　それぞれが考えながらやっていくしかないでしょう。そもそも差別をなくしていくための法律や制度は、行政や政治の領域の人々が下々の者を思って作ってくれるものではありません。差別を受けてきた当事者たちの粘り強い運動を通して勝ち取られてきたものです。そのような意味で、差別をなくしていくためには「つながる」必要があります。

――先ほど、一人ひとりの行動の結果として社会が変わっていき、そのことを「つながる」の一つの形とおっしゃっていましたが、詳しくお聞きしてもよろしいでしょうか。

飯野　社会は一人の人や、一つの団体が変えていくものではなく、お互いやっていることも知らない、話したこともないような人々が、それぞれ重なる問題意識を持ちながら、自分のできる範囲でやりたいことを積み重ねていくなかで変わっていくものだと考えます。それは、「お友達」の関係とは違う

「つながる」です。後から振り返ってつながっていたことに気づくというケースも含めると、そういった意味での「つながる」瞬間がたくさんあると思います。

――その意味での「つながる」なら、私にも必要ですし、できそうな気がします。それぞれに違っていて、でもここでは共通の問題意識がある。そういった「つながる」は社会を変えるために欠かせないものです。

飯野　私たちが多様でそれぞれ違うからこそ、力を合わせられる瞬間もあるのだと思います。そうした瞬間を大切にすることが、社会を変えていくことにもつながっているはずです。

（二〇二三年三月一一日　オンラインにて収録）

インタビューを終えて

「つながる」にグラデーションがあること、友人になるばかりが「つながる」でないことなどを伺ってから、私のなかで、マイノリティの「つながらない権利」がより明確で細やかなものへと変化していった。

コミュニケーションや能力主義など、社会から強いられてきたものは数え上げればきりがない。社会には情報面での偏りだけではなく、多くの偏り、差別が存在する。これは紛れもない事実だ。だが、変えていけるのも社会を構成する自分たちなのだ。無理をする必要はなくて、できる範囲で、やりたいことをやっていく。その連鎖が、社会に変化を起こしていくのだ。

飯野さんと「障害の社会モデル」の観点からマイノリティの「つながらない権利」についてお話ししたことで、私のなかにもあるさまざまな規範から少し解放された部分もある。

インタビューのなかで飯野さんがお話ししてくださった、「自分と同じ病気の人しかいない世界」の思考実験は、ぜひいろいろなところで、一人で、あるいは信頼できる誰かとともに、やってみてほしい。難しいことに挑まずとも、自分のニーズに気づくことができる。

インタビューのなかで、「マイノリティ性にアイデンティティを置きすぎるのはおすすめしない」と話題になった。マイノリティ性はあくまで一つの属性であり、その人自身ではないのだから。

とはいえ、生来のものを排して考えるのも難しい。ここに関して、私は少し珍しい経験をしている。アルビノは私が生まれた頃はただの遺伝疾患であり、指定難病ではなかった。成人した辺りで指定難病になったが、私の症状も、生活も、あり方も、つまり本質的なところは変わっていない。

私の本質は、マイノリティ性やその名前に規定されるものではないのだ。

こういった経験は珍しいかもしれないが、前述の思考実験を通して近いことを考えるのは可能だ。

マイノリティの「つながらない権利」はより拡張し、再定義することができるだろう。

その契機となってくださった飯野さんに心から感謝する。

2 発達障害の診察、研究の現場から考える、マイノリティの「つながらない権利」

本田秀夫さんインタビュー

本書のテーマであるマイノリティの「つながらない権利」を着想するにあたり、発達障害について情報発信を続けてこられた本田秀夫さんの著書『「しなくていいこと」を決めると、人生が一気にラクになる』（ダイヤモンド社、二〇二一年）に大きな影響を受けた。また、本書第1部の「コミュニケーションの得手不得手からは、逃れられない」（六五ページ）でもふれているように、対人コミュニケーションの不得手があるマイノリティ性として、発達障害の一つ、自閉スペクトラム症（ＡＳＤ）が挙げられる。発達障害のある人々を診察し、研究してきた本田さんはマイノリティの「つながらない権利」をどう考えるのか、伺った。

本田秀夫（ほんだ　ひでお）

精神科医。医学博士。専門は発達精神医学。

信州大学医学部子どものこころの発達医学教室教授。信州大学医学部附属病院子どものこころ診療部部長。長野県発達障がい情報・支援センター「といろ」センター長。特定非営利活動法人　ネスト・ジャパン代表理事。

講演や執筆など、発達障害に関する発信を続けている。

『発達障害 生きづらさを抱える少数派の「種族」たち』（SB新書、二〇一八年）、『学校の中の発達障害』（SB新書、二〇二二年）、『「しなくていいこと」を決めると、人生が一気にラクになる』（ダイヤモンド社、二〇二一年）など、多数の著書がある。

基本的には「自由」が大事

――本連載で提起されている、マイノリティの「つながらない権利」について、どうお考えでしょうか。

本田さん（以下、本田）　僕は基本的には「自由」が大事だと考えています。昔、ある精神科の有名な先生が、「統合失調症とは、一般の人々に比べると自由が失われる病気だ」とおっしゃったんです。現代的な「障害」の概念も、「生活の自由に制限が加わること」と考えられています。だから、本人がいろいろなことを選び取る自由を少しでも保障するのが大事になります。本人が人とつながりたければつながる自由が必要だし、つながりたくなければつながらない自由が保障されることが大事です。

——つながらないことは今現在不可能ではありませんが、「つながらない」を選ぶと、「つながる」を選んだ場合よりも、情報面における不利益が大きい現状もあるように思います。それでは、フラットに選択できるとはいえないのではないでしょうか。

本田　どんな選択を取っても正解で、生活に困らない社会を作っていくのは政治の役割です。とはいえ、それは理想なので、今は理想には全然届いていません。そのため、あることを選ぶとすごく有利になって、あることを選ぶと不利になる、そんな状況がいろんな場面で出現するわけです。情報面で有利になる選択肢を選ぶとつらくなるので、やむをえず、わかっていても不利になる方を選ぶしかない。事実、そういう人もいます。つまり、情報を得るにはつながる方がいいけれど、メンタルヘルスを保つにはつながらない方がいい場合に、どちらを選択するかの話になりますね。

——まさに私もその状況にあります。発達障害の一つ、自閉スペクトラム症（ASD）の特性もあるので、つながる際のコミュニケーションには不安があります。つながることでコミュニケーションに失敗し、メンタルヘルスによくない影響を与えてしまうリスクと、つながることで情報を得るメリット、どちらが大きいのでしょうか。

本田 そこは人によるので、わかりません。そこは医師が押しつけることはできないと思っています。ただ、僕は当事者同士のコミュニティにメリットがあると書くことはあります。

つながることを妨げられている現状もある

――「つながる」リスクとメリット、どちらが大きいかはわからないなかで、当事者同士のコミュニティのメリットを発信されるのは、なぜでしょうか。

本田 それは、発達障害の当事者同士がつながる権利がしばしば損なわれることがあるからです。どのように損なわれるかというと、発達障害の特性を否定して、障害の片りんをなるべく見せずに一般の人に紛れなさいとする教育や指導によって、損なわれていきます。過剰適応させられてしまうんです。

――それはかなりつらいことですね。

本田　自分を抑圧して周りに合わせることを要求され続けたり、自分の特性をオープンにすることを許されない育てられ方をされたり、そのような社会参加を強いられる場面があまりにも多いです。それに対するアンチテーゼとして、当事者同士が自分の特性を認められるような、安心して自分のままでいられるコミュニティも必要だと時々言っています。もちろんマイノリティであれば皆がつながりあえるとはまったく思っていません。そういうコミュニティ自体が苦手だと思う人もいるのは承知しています。だからマイノリティのコミュニティさえ作ればすべてがうまくいくとは考えていません。

――ある場所に行ってみて合わなくても、「他にいくらでもある」とはならないのがマイノリティのつらいところかもしれません。

本田　一般の人にとっては、コミュニティはいくらでもあるし、合わなかったら別のところに行けばいいんですけど、マイノリティだと、そもそもコミュニティの数自体が少ないから、そうはいきません。そこにも難しさがあります。

生存のための、最低限の「つながる」

――マイノリティ性のある人が、医学的な情報にとどまらず、生存に必要な情報を手に入れて、生きていく手段として、当事者コミュニティ以外で、今活用できるもの、あるいはこういうものがあるといいというようなものはありますか。

本田 ないですね。それを思いついたら大発見だと思います。今、僕たちも困っているところです。

――情報が医学的、科学的に正しくありさえすればいいわけではないことは私も認識しています。科学技術の専門家と一般の人々の間に立って、いろいろな課題を考えていくサイエンスコミュニケーションの手法が役に立つのではないかと考えています。

本田 それは大事です。

――情報保障については難しい現実があるのを痛感しています。理想とは程遠い現状で、これだけは、と思うことはありますか。

本田　本人がどう思っていようと、生存に必要不可欠な「つながる」だけはやっていってほしいです。情報や情緒的なつながり以前の、本当に生きるか死ぬかの段階の話です。

――生死に直結する「つながる」というと、医療機関を受診するなどでしょうか。

本田　それだけではありません。障害者手帳の取得、障害年金の申請、障害福祉サービスや生活保護の受給など、生きていく上で必要なサービスを受けるための「つながる」です。自治体の福祉サービスの担当窓口や担当者とつながっていないと、必要な支援を受けられないどころか、支援についての情報も入ってきませんから。また、障害年金や生活保護の受給を手伝ってくれる支援者とのつながりも最低限必要です。仕事がない状況で一人暮らしをしていくこともありうるわけなので、そのときに支援を受けられないと困ります。

――そこはもう、生存のためだと割り切ってやるしかない「つながる」ですね。食欲はないけれど、命をつなぐために食事するような感じがあります。

本田　ただ、行政の人は行政の事務手続きは知っているけれど、現場の生活を把握するまではやらない、できない場合もあります。もちろん、しっかりやってくださるワーカーさんもいるんですけど、そういう方に出会えれば運がいいですね。僕が関わっている地域だと、障害者向けの基幹相談支援センターをご紹介するようにしています。

――相談支援事業所のようなところでしょうか。

本田　そうですね。そこでは、単に制度の手続きとかをやってくれるだけではなくて、生活全般について相談に乗ってもらったり、ちょっと一緒に動いてもらったりできるような人がいる場合があるんです。だからそういう福祉関係の支援者、本人に割と近い立場で手続きを一緒にやってくれたり、説明が難しいときに代わりに説明をしてくれたりする、そういう人とはせめてつながれないかなと模索します。

――根幹のレベルで、生活を大きく左右することですよね。

本田　そうです。そこの生存に関する「つながる」さえできてしまえば、他はオプションプランです。オプションプラン以降に関してはその人の選択です。もちろん、何を選んでも困らないように社会をよくしていく必要もありますが、現状において何を選ぶかは本人が判断するしかない部分があります。

能力主義が「つながる」ことから人を遠ざけてしまう

――最低限必要な「つながる」のお話のなかで、生活保護の受給についてふれられていましたが、生活保護を受給するとさまざまな制限（収入や資産の申告、居住の制限、所有できる物品の制限など）もあって、自由に趣味を楽しみきれなかったり、自尊心が損なわれたりすることがあると自分や周囲を見ていて感じます。私の場合、自分で稼いだ自分のお金があることが自尊心につながっている部分はあります。

本田　まさにそこに問題点があります。たしかに先ほど雁屋さんがおっしゃった通り、人によってはやっぱり自分で食べるお金ぐらい稼がないと自尊心がうまく作れないから外に出て行きにくいと感じる方がいます。でも、世のなかには、自分で稼ぐことすら難しい人がいます。そういう人は自尊心を持ってはいけないのでしょうか。そうではないですよね。人は本来、まったく稼げなくても自尊心を持つ権利があります。理想かもしれませんが、「君は君のままでいい」はずなんです。ただ、どうすれば、稼げなくても自尊心を持てるかは、難しい問題になるのですが。

――まったく稼げなくても自尊心を持つ権利があるのはその通りですし、稼げない人に生きる価値がないなどとは思いません。ただ、私自身がうつ病で療養していて稼げなかったときに、稼げている人から「生きているだけでいい」と言われて、嬉しいとは思えませんでした。それがあるべき権利なのはわかっているけれど、自分の成果を拠り所にして生きてきた私としては、その言葉は戦力外通告、あるいは下に見られていると感じました。

本田　その感じ方があるのはわかりますが、能力主義が染みついてしまっている感じがしますね。能力主義は、家父長制につながっています。家父長制を基盤とした日本の社会においては、人に優劣をつけて、優位に立つ人が劣位に立つ人を支配する構造があります。家父長制や能力主義に染まってしまうと、劣位に立ったときに自尊心を持てなくなったり、自分より優位に立つ人に物を言えなくなったりしてしまいます。

――人に優劣をつける……比較されて育てられてきた心当たりが大いにあります。能力主義や家父長制の問題点は認識していないわけではなかったものの、根深いですね。

本田　さらに、能力主義に深く染まると、コミュニティに参加するのが難しくなります。コミュニティに入ったときに、どうしても他人と自分を能力で比較して、優劣をつけようとしてしまうんです。

——思い当たる節が多いですね。本連載の第四回での「マイノリティ性が〝剝がれる〟ことへの恐怖」（本書二四ページ）は本当にその話になっていますし。

本田　そのようにして、教育段階から植えつけられた、家父長制やそれに由来する能力主義の考え方が、つながる機会を奪っていくことがあります。

情報保障を誰が、どう担っていくのかは課題

——つながるかどうかを選択する前に、家父長制や能力主義の内面化により、つながる機会を奪われているマイノリティもいることが予想されます。そんななかで、現状、つながらない、あるいはつながれないマイノリティに、当事者コミュニティはあまりできることがないように思います。

本田　そもそも、僕は情報提供機能について、当事者コミュニティにあまり期待していません。本来はある程度、行政がやるべきことです。アクセシビリティなどと同じく、情報保障ですから。また、情報をどう作るかという点で、「つながらない」人のニーズを知ることが非常に難しく、情報は人の手で作らないといけないので、ニーズを把握するためにはその人たちに発信してもらわないといけなくなります。

――それは大きなジレンマですね。でも、今はインターネットがあるので、匿名性をある程度保ったまま、ニーズを表明することができるのではないでしょうか。最善とまではいかなくても、次善の策くらいにはなりそうです。

本田　インターネットやＡＩの活用で、「つながらない」人たちのニーズを知るいい方法を見つけられるかもしれません。

――ＡＩはあらゆるものを大きく変えていくのでしょうね。サイエンスコミュニケーションを学ぶ者として、当事者だからこその視点があることも認めますが、それが科学的に正しいとは言い切れないことも理解しています。その意味では、当事者コミュニティの情報提供機能に期待できないのも納得できます。しかし、旧優生保護法（一九四八年〜一九九六年）のもとで推し進められた障害や疾患のある人々などへの不妊手術のことを思うと、公的なものを信頼しきれません。

本田　基本的に、旧優生保護法に関しては、立法の問題だとは思います。法律を作る人たちが科学的なエビデンスに基づいて動いていない。これは大きな問題です。

「得意」より「興味」「好き」に焦点を当てる

――現状では「つながる」を選ぶ方が情報を得るには有利ですが、「つながらない」人への情報保障は課題が多いです。とはいえ、「つながる」を阻む当事者に内面化された能力主義をはじめとしたさまざまな壁があります。ここには打開策はないのでしょうか。

本田　つながり方の発想を変えてみるのがいいと思います。発達障害のコミュニティとしてではなくて、好きなもの、例えば雁屋さんの好きな本に関するコミュニティだったら興味が持てるのではないでしょうか。

——そうですね。「発達障害のコミュニティに行こう」と言われるよりも、「あなたの好きな本の話をできる場所があるよ」と言われた方が、興味が出てくる気がします。

本田　僕は東京の港区で、特定非営利活動法人　ネスト・ジャパン（https://www.nest-japan.org/）というNPO法人をやっているんですが、そこでは発達障害の人たちを中心とした仲間づくりをしています。とはいっても、発達障害当事者の集まりという形ではなくて、鉄道オタクの仲間、アニメ漫画クラブのような部活みたいなことをしています。参加者が一人しかいないものも、何人か参加しているものもあります。発達障害当事者にとっては、誰とやるかよりも、何か興味のあることがあってそこに行ったら同好の士がいた、くらいのスタイルの方がつながりやすいんです。

——今までにも「対面コミュニケーションが苦手」と書いている私ですが、好きなことを通して人と会った経験もあるので、当事者としてもそれは納得できます。発達障害当事者の場合は興味のあることや好きなこと、得意なことを深めていくことが鍵になるのでしょうか。

本田　「得意」よりも、「興味」「好き」が大切です。発達障害の診療をしていると、得意不得意の凹凸があるから、得意を伸ばしていきましょうとする立場もあって、昔は僕もそういうことを書いていたんですが、『「しなくていいこと」を決めると、人生が一気にラクになる』の辺りからは「好きなことをやりましょう」と言っています。

――フリーランスのキャリア形成の話で出てくるような、「得意分野に注力する」戦略とはまた別の話でしょうか。

本田　別ですね。雁屋さんはおそらく、好きで興味のあることと、得意で仕事にできることが重なった方なんだと思いますが、発達障害当事者のなかには、やりたいことがお金につながらない方もよくいます。だから、能力ではなく、興味の話になっていくんです。

――「得意なことをやろう」とはよく聞きますが、「好き」を中心に据えた話はあまり聞かなかったので新鮮です。

本田　支援をやるときにも、能力を伸ばすことよりも先に、本人が何をおもしろいと思うのか、何を欲しているのかを探っていくようにしています。どう生きていくのかはその人次第ですからね。

（二〇二三年六月一四日　オンラインにて収録）

インタビューを終えて

本書を書き進めるうちに、マイノリティの「つながらない権利」は情報保障やサイエンスコミュニケーションの話に波及していく予感はしていた。しかし、そこに留まらない問題が根深く存在していたのだ。

本田さんだけでなく、飯野由里子さんも指摘していた、能力主義の問題だ。連載第四回にあたる「マイノリティ性が〝剝がれる〟ことへの恐怖」（本書二四ページ）が、私が能力主義をどのように内面化してしまっていたかを示す証拠であることは否定できない。

しかし、だからこそ、あの箇所は何らかの形で残り続けるべきだ。

インタビューの最中に、「本来、「君は君のままでいい」はずなのに、稼いでいないと自尊心を持つのが難しい現実がある」とのお話があった。マイノリティについて考えている人々の多くは、「君は君のままでいい」ことに異論はないだろう。

でも、それに続けて、「だから、稼いでいなくても、自尊心を持とうよ」と来たら、私は首を傾げる。今まで散々人に優劣をつけて能力主義を内面化させてきておいて、これからはそれだけでは通用しないから変われ、とはあまりにも性急で、本人の気持ちを無視しているのではないか。能力主義のなかにいる人々をいきなり変えようとするのではなく、どのようにすれば本人が少しずつ楽になれるかを本人と一緒に考えていくことからしか始まらない。「そういう風に考えてはいけない」と言うのではなく、「どうしてそう考えるのか」と自分に問う機会を作る試みが必要だ。

発達障害当事者の「つながる」や人生において、鍵となるのは「興味」や「好き」であることを胸に刻んで、これからも書いていく。本田さんにインタビューを終えた後に発達障害当事者に関する言説をあらためて見ると、「得意」に注目するものが相当に多かったからだ。

私のように、「興味」や「好き」と「仕事にできるくらい得意」が重なっているケースは、本田さん曰く、「特殊で、ラッキー」だそうだ。そのようなタイプの発達障害当事者はそれでいいかもしれないが、そうではない人のことを忘れてはならない。

成人の発達障害当事者への支援といえば就労が頻繁に出てくるが、人はそもそも、そのままで自尊心を持つ権利を有している。就労できるか否か、自分で自分を養えるかが、すべてではない。

日々、医療や社会制度の限界も考えつつ、医師として現場に立ち続けている本田さんと話せたことは、本連載、および私自身にとって大きな糧となった。

人間は放っておけば能力主義や家父長制に流れていくが、それを「人はそのままで自尊心を持つ権利がある」と反論する理性も、人の持ちうる可能性だ。そのように理性を使っていく書き手でありたい。

コラム

生活保護についての解説、受給に関する各種相談機関紹介

本章のインタビューにおいて、生活保護の受給についてふれているが、生活保護の受給に至るまでにはさまざまな問題がある。ニュースになることも多い、役所で申請をさせないようにするいわゆる「水際作戦」(https://nikkan-spa.jp/231222 などを参照)や、生活保護に関するさまざまな誤解があり、そのために申請ができず、最悪の場合、死に至るケースもある。生活保護の申請、受給のための「つながる」はまさに生存に大きく関わっている。

また、生活保護制度には、一定以上の障害のある人、ひとり親家庭、子育てをしている、妊娠していたり出産後半年以内であったりする人、在宅患者、介護保険利用者などに対する加算がある。

インタビュー内でふれた生活保護の受給によるさまざまな制限についても少し補足する。収入や資産は毎月、すべて申告する必要があるが、自立のために必要な分は手元に残しておけるよう考慮した上で保護費が調整される。

また、居住の制限は自治体ごとに住宅扶助の額が決められており、家賃がそれを大き

く上回る場合には引っ越しをしなければならないこともある。コレクションでいっぱいの大きな家に住むことは期待できない。
所有できる物品の制限については、贅沢品を持っているのなら、売却して生活費用にあてるよう指導される。事業に必要なものについては相談できる。

根拠法令および厚生労働省が公式に発表している生活保護についての見解、生活保護の申請を手伝ってくれる支援団体を以下に紹介する。

1　根拠法令および厚生労働省の見解

日本国憲法　第二十五条　eGov　法令検索
https://laws.e-gov.go.jp/law/321CONSTITUTION
憲法二十五条が生活保護制度の根拠となっている。
すべての国民は、「健康で文化的な最低限度の生活」を送る権利を有している。つまり、生存権が保障されているといえる。

生活保護を申請したい方へ　厚生労働省

https://www.mhlw.go.jp/stf/seisakunitsuite/bunya/hukushi_kaigo/seikatsuhogo/seikatsuhogopage.html

住むところがなくても申請できることや施設に入ることが申請の条件ではないこと、また同居していない扶養義務者に相談しなくてもいいことも明記されている。

車や持ち家も一律に制限されるわけではないため、後述の支援団体に相談の上、申請時に役所の担当者に事情を話すといい。

2 生活保護の申請を支援してくれる団体

認定NPO法人 自立生活サポートセンター もやい

https://www.npomoyai.or.jp/

生活保護申請の際に福祉事務所への同行、生活保護を受給していてケースワーカーに理不尽な扱いを受けたときの相談などを行っており、すべて無料。

首都圏を中心に活動しているが、連絡すれば、居住地の近くの支援団体につないでくれる。

コラム

「能力主義」とは何なのか

この社会は「能力主義」に染まっている

本田さんと飯野さんへのインタビューのなかで「能力主義」なる単語がよくない意味で使われている。さて、能力主義とはいったい何なのだろうか。能力を評価されることは一般的に喜ばしいことではないのだろうか。社会運動や社会学の領域において、能力主義は完全に排除できないが可能な限り薄めるべきものとされるのはなぜなのか。

私の経験を振り返ってみても、能力主義に抗する、せめて薄めていく必要があるのだと考えられるようになったのはごく最近だ。障害やセクシュアリティなど、複数のマイノリティ性を併せ持ちながら、私は能力主義の世界観で生きていた。いわゆる「優秀な障害者」を目指していたのだ。

本田さんは、インタビューのなかで、教育段階から能力主義を植えつけられ、そのためにつながる機会を奪われる問題にふれている。教育段階からの能力主義と聞いて、一つ思い当たるものがあった。日本国憲法だ。

日本国憲法の第二十六条では、「すべて国民は、法律の定めるところにより、その能力に応じて、ひとしく教育を受ける権利を有する。」とされている。日本国憲法の一部を学んだ中学生の頃、私はこの条文を肯定的に受け止めた記憶がある。「〝能力があれば〟(試験の点数が取れれば)、志望校に入れる。そうあるべきだ」と考えたのだ。実際には医大入試での不正や給付型奨学金の少なさをはじめとした現実が、この条文に背いた社会を構築しているのだが、ここでは教育を受ける権利が能力に依拠していることに着目したい。

大学生の自分がこの文章を読めば、顔色一つ変えずにこう言うだろう。「当たり前じゃない。入学試験で点数が取れないなら不合格。疑問の余地なんかどこにもない」と。現在の私もこの言葉に的確な反論を行える自信がない。これを書いている私自身が自分の能力やその将来性を信頼することで、つまり自己への信頼に依拠して立っているからだ。

私が不思議な自己肯定を生じさせているとしても、「何かができる」ことと自己肯定を切り離せる人はそう多くないだろう。そして、「何かができる」自分を誇りに思うのは尊いことだ。能力主義への抵抗は「何かができる」ことを悪いとするものではない。

能力主義を否定するとは、「何かができる」状態を目指すあなたを糾弾することではない。

能力主義は「できない人は低く見ていい」とする考え方

能力主義から抜けきれない私だが、ある程度馴染みのある言葉でそれを定義できるようになった。能力主義とは、「何かができる」状態から「できない」状態になった途端、その人はそこにいてはいけないとする思考そのものや、「できない」ことを理由にその人を「できる」人より不利に取り扱うことを指す。

ビジネスにおいて、能力や成果で評価されるのは当然とする考えも根強い。私も、能力や成果に応じた報酬が支払われることは否定しない。しかし、障害のある人がそうでない人よりも高い成果を要求され、それをクリアしてようやく同等の報酬がもらえる状況は間違っている。〝障害を補って余りあるほど優秀でなくては生きていけない〟のなら、それは能力主義の強い環境であり、差別だ。

そして、ビジネスを離れたシーンではなおのこと、「できない」ことを理由に不当に扱われるべきではない。料理ができないからと揶揄されていいわけがない。長距離を歩けないことを理由に学習の機会を奪われてはならない。体調不良のために安定して活動できないことを叱責されるのは間違っている。

こうして具体例を並べると腑に落ちるのに、どうしても頷けない人もいるかもしれない。私たちが生きる現実は、「できなくなったら転落する」構造のなかにあり、常に下に落ちまいと気を張っているからだ。いきなり人と比較するのをやめろと言われても、あっさりできるはずもない。

それでも能力主義は薄めなくてはならない

能力主義への抵抗は、「何かができる」ようになるまで努力した事実を否定しない。「何かができる」ことに依拠した自信を否定するものでもない。「何かができる」ようになるために積み上げた時間も技術も労力も、全部、その人の尊い財産だ。それを誇りに思うのは大切なことだ。

でも、「できない」人がいたとして低く見たり、不当に扱ったりしてはいけない。能力と扱いはビジネスにおいては時に直結する。しかし、ビジネスであっても前述のように直結させてはいけないシーンがある。

これは大きな難題といえる。能力や成果だけで人を見る姿勢が染みついていればいるほど、「ではどうすればいいのか」と戸惑うだろう。それでも、能力主義は薄めていかなくてはならない。現在、この社会には人を死に追いやるほどの高濃度の能力主義に染まった環境が多く存在する。

飯野さんがインタビューのなかで指摘したように、能力主義は障害を個人モデルで捉える方へと導いてしまう。それだけではない。「できない」人を低く見ていいとする発想は容易に優生思想へとつながっていく。

私にとっても、能力主義を薄める試み自体が痛みを伴うものだ。能力主義に慣れ親しんでいて、能力や成果に拠って立つことしか知らない。それでも、能力主義を薄めていく。なぜなら、〝障害を補って余りあるほど優秀〟にならなければ生きられない世界よりも、能力主義を薄めた世界の方が、自分の生存率が上がると考えているからだ。

合理的な理由なく、能力や成果の程度と取り扱いを直結させないこと。諦めそうになったときは本田さんがインタビューで話してくれた言葉に立ち返る。

人は本来、全く稼げなくても自尊心を持つ権利があります。（本田さんのインタビューより）

3 障害開示や特別支援教育の視点から、マイノリティの「つながらない権利」を捉え直す

相羽大輔さんインタビュー

私自身もマイノリティではあるが、当事者支援についてはまだ知識が浅い部分も少なくない。当事者コミュニティを怖がっていたのだから、ある意味当然ではある。では、当事者支援に関わり続けている当事者は、マイノリティの「つながらない権利」という発想をどう捉えるのだろうか。アルビノ当事者であり、障害開示や特別支援教育を専門としている研究者の相羽大輔さんにお話を伺った。

相羽大輔（あいば　だいすけ）

専門は障害開示、特別支援教育（視覚障害領域）。

愛知教育大学教育科学系 特別支援教育講座 准教授／日本アルビニズムネットワーク（ＪＡＮ）スタッフ。

アルビノ（眼皮膚白皮症）の当事者で、当事者団体の必要性を発信するとともに、自身も当事者支援に関わり続けている。

著書に、『アルビノの話をしよう』（共著、解放出版社、二〇一七年）、『新訂版　視覚障害教育入門Ｑ＆Ａ——確かな専門性の基盤となる基礎的な知識を身に付けるために』（共著、ジアース教育新社、二〇一八年）などがある。

また、『アルビノを生きる』（川名紀美著、河出書房新社、二〇一三年、二〇二三年に新装版発売）にも、登場している。

合理的配慮のためにはニーズの表明が欠かせないけれど……

——相羽さんの研究内容はどのようなものなのでしょうか。

相羽さん（以下、相羽）　障害者の行動を社会にいる人々がどう受け取り、反応するのかを対人社会心理学的な方法論を使って研究しています。まさにコミュニケーションの話ですね。視覚障害児に対する特別支援教育に関しては実践も多く行っています。

――コミュニケーションに苦手意識があるので、コミュニケーションと聞くと反射的に逃げたくなってしまいます。私は、マイノリティの「つながらない権利」とは情報保障の問題であり、情報が不均衡であることによるものだと考えています。その意味で、当事者コミュニティによる情報保障には限界があるのではないでしょうか。

相羽　「コミュニケーションが苦手」とのことでしたが、コミュニケーションのどのようなところが苦手で、どのようなことなら許容できるのでしょうか。

――私の場合、まず同じ空間にいること、それから顔が見えるのが苦手です。音声のみの通話、インターネットを介した文字のみのやり取りは苦手ではなく、むしろ楽しいです。

相羽　コミュニケーションの内容による違いはありますか。

――趣味の話であれば、「初対面の人と会うのは苦手だけど行ってみよう」と考えるけれど、必要だから行くとなると、あまり気は進まないですね。

相羽　対人行動を考えたときに、コミュニケーションとはそういうものなんです。コミュニケーションはさまざまな要因の影響を受けて成り立ちます。これはさまざまなコミュニケーションモデルでも示されています。特に、自己開示、特に障害を相手に伝える障害開示は僕の研究テーマの一つなのですが、障害開示をできる／できない、しやすい／しにくいはさまざまな要因で決まってきます。先ほどお話ししたように、対面／非対面、顔が見える／見えないといったメディアチャンネルのこともそうですが、話す内容が趣味のことならいいけれど、プライベートなこと（例えば、障害の話題など）は話したくないといったことも関わってきます。

――お聞きしていると、「心理的安全性」の話が頭に浮かびます。誰に、どんな環境でなら言えるのかは、障害に限った話ではないのかもしれません。私は退路を確保できている環境でなら安心して話せます。

相羽　その人にとってやりやすい方法でやっていければいいと思います。ただ、障害の話をするなら、どうしても合理的配慮の問題が出てきます。

――合理的配慮を受けるには、障害者の側からのニーズを含めた意思の表明が必要ですからね。飯野由里子さんともお話ししましたが、自分のニーズがわからないと合理的配慮を得るのは難しいのではないでしょうか。

相羽　障害者差別解消法に意思の表明と書いてあるので、その難しさは実際にあります。なので、内閣府の「障害を理由とする差別の解消の推進に関する基本方針」【第2の3の（1）エ】には、本人に意思の表明を求めることが難しい場合には、周囲の働きかけでニーズを把握して最適解と思われる合理的配慮を提供する旨の記述があります。これは障害者差別解消法ができたときからの基本方針なのですが、あまり知られていません。

――「自分で言えるようになりなさい」と大学の障害学生支援室などで指導された記憶があります。でも、なぜかわからないけれど、うまくいかないこともありますよね。

相羽　大学生になったら自分で意思の表明ができるよう求められる機会は多くなります。一方で、「大学に入ってから障害に気づく」ことも少なくありません。大学は高校までよりぐっと自由度が高まるので、これまで困っていなくても視覚障害や聴覚障害で困ることが出てきます。また、それまで気づかずにいた精神障害や発達障害の問題が出てくる場合もあります。それでも、意思の表明ができるようにならないと社会に出たときに困りごとが増えてしまうのは事実です。

――「この人には言えるけれど、あの人には言えない」など、ニーズを「言えない」問題は複雑で、難しいものがあると思います。そのなかで、大学での障害学生支援はどのように対策しているのでしょうか。

相羽　障害の開示範囲を明確に決めています。誰にどこまで開示するかについては、本人と障害学生支援室のスタッフ等がきちんと話し合い、決めていきます。ただ、設備を導入したり、高額な支援機器を買ったりという財政の問題があります。それに、大学が行うのはあくまでも修学支援なので、生活の支援は対象外となってしまいます。そのため、意思を表明しても対応できる範囲には限界があります。

「つながらない権利」のための課題整理

――「言わなければ隠せる」けれど、「言わないことで心身に負担がかかる」といった部分もあり、障害開示や合理的配慮は大学生活全般に大きく影響します。そこはどのように考えたらいいのでしょうか。

相羽　学校や職場での修学や就労に欠かせないコンプライアンスの問題と、プライベートな開示の問題は分けて考えた方がいいです。学校や職場での問題は厳密に法律に則っていくべきです。障害特性があって、何らかのサービスを受けないと生きにくい人々に対して情報が行きわたるようにする責任が障害者差別解消法や障害者情報アクセシビリティ・コミュニケーション施策推進法の上で求められていて、行政がやるべきことになっています。でも、雁屋さんのおっしゃる情報はそれとは違いますよね。

――私が考えているのは、今現在法律でカバーされていない部分ですね。「眼皮膚白皮症」（アルビノの医学診断名）とGoogle検索すると、難病情報センターのサイトが一番上に出てきます。そこにはどういう病気なのか、どんな経過をたどるのかなど、医学的な知見が示されています。でも、それを読んでアルビノの自分の将来像を思い描き、希望を持つことは難しいです。このように、生活に即した情報を得る方法が限られています。

相羽　生きるヒントともいえる情報は、なかなか難しいですね。障害のない人でも、インターネットで自分の知りたいことの答えに辿り着けないということは起こりうるのではないでしょうか。親になり、障害児が生まれたときにも同じ問題は出てきます。どうやって育てたらいいのか、病状は進行するのか、将来この子は働けるのか、結婚できるのか、遺伝するのか、と親はいろいろ考えます。病状や遺伝に関することは医学的に解明されている範囲では正解がありますが、なかには正解のない問題もあります。僕は、そこを分けていくべきだと考えています。

――病状の進行や遺伝は科学的根拠に基づいた客観的な情報になりますが、就労や結婚については障害特性以外にもさまざまな要因が大きく影響します。そこはどうやって情報を充実させていけばいいのでしょうか。

相羽　アーカイブがあって、そこにアクセスすれば、ある程度の情報が得られるようにしてあるといいのではないでしょうか。例を挙げるなら、YouTuberになりたい人が、HIKAKINさんが自身の過去動画を批評している動画を観るような感じです。その情報が一〇年後も通用するかはわからないですが。それでも、正解がないなかで、ある程度の情報を得て自身でもトライ&エラーで試行錯誤しながら、経験を蓄積できることが必要ではないでしょうか。障害当事者にとっては、そうした情報を当事者団体が発信してくれると、「自分もやってみよう」という気持ちになれるのかもしれません。

当事者支援に関する日本の現状

――先ほど出てきた当事者に必要なアーカイブは、日本では実現可能なのでしょうか。それとも、当事者団体が精力的に活動しているような国でないと難しいですか。

相羽　まず国ごとに人口やその散らばり方、政治方針などに大きな違いがあります。それによってできることも違ってきます。その上で、アーカイブを作るなら、その情報の責任はどこが取るのかを明確にしないといけません。例えば、北欧では視覚障害のある子どもが生まれると、子どもが○歳の段階から保護者に対する研修会を定期的に行っています。そこで保護者は視覚障害児に関する知識や子育ての方法を教わります。資金は国から出ており、保護者は仕事を休んで参加できます。実際に運営しているのは当事者団体です。こうした当事者団体には、視覚障害分野の専門家が雇用されており、専門的な研修が行われています。

――国から資金はもらうけれど、実際の活動は当事者が行う形が今のところは最適なのかもしれませんね。海外では、当事者団体でのインターンが当事者の就職に有利に働くところもあるそうですが、日本では全然そうなっていないと感じます。

相羽　当事者団体が育つことも大事なのですが、当事者団体だけでは難しい面もあります。何より、情報格差をなくすことが大切です。リアルタイムで障害のない人たちが得ている情報が、障害当事者にも届くような仕組みが必要だと思います。障害があるからこそ必要な支援情報、例えば「皆と同じ学校に行きたいけれど、どうすればいいのか」といった情報が地域から得られたら、もっとよいと思います。

――そういったことができると、情報のバリアは改善されるでしょうね。ただ、私は、国と当事者団体が近くなるのを手放しに歓迎することはできません。元々国がやるべきことを当事者がやってきて、その成果にフリーライドされているような現実もあるように思います。

相羽　外から見ればそう見えるかもしれませんね。実は日本では当事者団体が国にコミットして意見を伝え、それが反映されているケースもあります。読書バリアフリー法や障害者情報アクセシビリティ・コミュニケーション施策推進法はその一例です。これらは、障害のある人が障害のない人と同じ情報を、個々の障害特性に合った形式で、同じ場所、同じタイミングで受け取れる環境の整備に大きく貢献してくれています。障害のある人だけに必要な情報ですら、現状はアクセスしにくい形式で発信されている場合があります。だからこそ、当事者団体はそのような社会的バリアを解消する取り組みを頑張っています。ただ、日本の当事者団体は病気や障害種別で細分化されています。細分化されすぎると、個々の当事者団体の力も弱まります。海外だと、視覚障害と聴覚障害の団体が一緒の国がほとんどです。団体のなかで障害種別ごとにわかれていますが、日本よりも動きとしてまとまっています。そうして、皆で国との交渉や団体の運営をしています。

――アルビノはじめ難病に関する事業を考えていると話すと、「患者数が少ないから採算が取れないのではないか」と言われることが多いので、細分化してまとまらないことの弊害は私も強く感じています。でも一つの疾患ではなく、難病患者と大きく括るなどすれば、患者数も少なくないので、活発に動けるのではないでしょうか。

相羽　日本にもまとまろうとする動きはあるのですが、視覚障害やアルビノはそういったときに忘れられてしまいがちです。雁屋さんがおっしゃったように広く見ることは大事で、僕も研究の際、外見では障害の状況がわかりにくい障害（インビジブルな障害）として、視覚障害だけでなく発達障害なども含めて、調査、研究を進めています。そういった状況に合わせた戦略は必要です。

情報を審査する形で信頼性を高められる可能性

——科学的にも信頼に値し、当事者の役に立つ情報を難しい言葉のみではなく、さまざまな形態のコンテンツで届けていくのが当たり前になってほしいですが、具体的な方法まではまだわかりません。

相羽　雁屋さんの考えているのは、おそらく難病情報センターがやりたかったことなのだろうと思います。ただ、医師と研究者だけで作っていて、難しい言葉での説明ばかりで、そうはなっていません。それこそ、病名をGoogle検索しただけでトップに表示されるページなので、当事者と医師による動画解説や、当事者団体へのリンク一覧を貼るなどして、アーカイブとして充実していけばよいですね。そこではアルビノの専門家ではなくて、サイエンスと当事者をつなぐ、サイエンスコミュニケーションができる人が求められるでしょう。今の難病情報センターのページを見ても、当事者家族が満足できるとは思えません。

——たしかに、新たなものを作り上げるより、今あるものをよりよくしていく方がやりやすく見えます。科学だけに偏らず、情報の信頼性を保障する方法も考えないといけませんが。

相羽　サイエンスと当事者の視点両方からの評価基準を作って、Ｗｅｂページに掲載する情報の妥当性を審査するという方法が一案です。これは科学的根拠があって、なおかつ当事者の役に立つ情報である、といった風に審査していくんです。それなら当事者目線でも確かであり、科学だけに偏らない情報の運用になります。もしも、実現できたら状況はよくなるでしょう。

それぞれのニーズを大切に、協力して動いていく

――マイノリティの「つながらない権利」実現のためには、しっかりした情報がちゃんと届く必要があります。その環境を整備するには当事者だけでは難しい部分もあって、どうしたらいいのでしょうか。

相羽　当事者だけでは無理ですが、当事者の組織があるから実現することもあるので、当事者団体が育たなければなりません。専門性、人材、そして資金が大事です。これらをどう得ていくかが大きな課題です。また、僕と雁屋さんがスタッフをしている日本アルビニズムネットワーク（ＪＡＮ）は専門性の高いメンバーが多いですが、世界的に見てもそういった当事者団体は少ないので、そこを強み

としたいところです。

――現状、ＪＡＮには課題が山積していますが、強みを活かせるところまで持っていきたいです。そのために大切なことは何でしょうか。

相羽　僕と雁屋さんでは、同じ疾患であっても、症状も、支援のニーズもそれぞれ違いますよね。それぞれのニーズをリスペクトして、協力できるところはしていくのが大事です。アルビノ一つ取っても、着眼点は「見た目」「ロービジョン」「日焼け」「遺伝」などたくさんあります。どれも大切にして、ニーズごとに協働できるところで他の当事者団体と連携をとれたらより大きな力になります。他の障害や疾患に対しても、互いのニーズをリスペクトしながら、バリアフリー・コンフリクトとも向き合い、戦略的な協力体制を築けたらよいですね。

（二〇二三年五月三〇日　オンラインにて収録）

インタビューを終えて

障害開示や特別支援教育の研究、実践を通して当事者支援に携わってきた相羽さんに、私の考える、マイノリティの「つながらない権利」がどう解釈されるか、インタビュー前にはまったく見当がつかなかった。当事者支援の現場を知る相羽さんには、私の主張が現実を見ていないものと映る可能性も考えた。でも、だからこそ、お話を伺う必要があった。

しかし、相羽さんは人にはそれぞれ得意なコミュニケーションの形があることや合理的配慮の抱える難しさ、サイエンスコミュニケーションがマイノリティ、特に病気や障害のある人々の状況を改善するときに考えられる仕組みを話してくださった。

マイノリティであっても、互いの違いを受け入れられないときがある。だからこそ、相羽さんの言う、「互いのニーズへのリスペクト」はそれを乗り越えるために不可欠な姿勢だ。

私が数年かけてようやく言葉にした、病者や障害者に届く情報の偏りを、相羽さんはすでに課題として認識していた。それだけでなく、サイエンスコミュニケーターとして私がその課題に挑むことを後押ししてくださった。その言葉を心から嬉しく思う。

これからも、状況を広く見て考え、現状をよりよくするのに必要なことをやっていく。

第３部　解決編

マイノリティの「つながらない権利」を再定義する

ここまでの執筆、三人の方へのインタビューを通して、私は、マイノリティの「つながらない権利」をより深く、明確に捉え始めている。他の当事者とつながらなくても、情報面で不利益が生じない状態が実現されるべきとする主張に変わりはない。しかし、さらに現実に即した権利として提示するために、マイノリティの「つながらない権利」をここで再定義する。

マイノリティの「つながらない権利」を構成する要素

マイノリティの「つながらない権利」は以下のような要素に分けられる。

● 他の当事者や支援者と「つながる」か「つながらない」かの二択ではなく、つながる期間やつながる頻度など、コミットのしかたを選ぶことができる

- 障害年金の受給や生活保護の受給、医療機関とのつながりなど、生存に最低限必要な「つながる」は行う
- 「つながる自由」も「つながらない自由」も等価の選択肢として存在し、選択は個人の好みくらいの重さでなくてはならない
- 「つながらない権利」を行使しても、当事者の経験による体系化されていない情報も含め、情報面での不利益が生じず、経済的に損失を招かない

当初、「他の当事者や支援者とつながらなくても困らない環境が必要」と考えていたものの、飯野由里子さんへのインタビューで、つながる／つながらないの二択なのかを問い直すに至った。身近なところで言えば、休む間もなく友人とテキストメッセージを送りあっているのが楽しい人もいれば、相手のことは好ましいが自発的にメッセージを送るのは後回しにしがちな人もいる。また、ある一時期は活発に連絡を取りあっていても、数年連絡が途絶えることもあるだろう。つながる距離感やつながる期間にもグラデーションを持たせ、適切な距離を選ぶのも、マイノリティの「つながらない権利」だ。今、その人が求める距離感、つながり方を選択することを妨げられない権利ともいえる。

人は食べなくては生きていけない。それと同様に、最低限の「つながる」を拒否することは生の放棄に等しいともいえる。マイノリティの「つながらない権利」は生の放棄を推奨しない。

しかし、現在、生存や情報面における不利益を回避するためにマイノリティはマジョリティよりもはるかに多くつながらなければならないのも事実だ。そのため、理想とする状態が実現されるまで生き延びるために、最低限の「つながる」を行いつつ、理想の実現を目指すこととする。

どのような「つながる」あるいは「つながらない」を選んでも、そのことが情報面での不利益や経済的損失に結びつかず、個人の好みの差でしかない。そんな状況を目指している。

つながり方の選択肢をより豊かにする必要性

また、つながり方の選択肢はもっと広く、豊かになる必要がある。

マイノリティ同士で集まる場であっても、ジェンダー、年齢、職業、収入、障害の程度やマイノリティ性のあり方、重なり方によって、マイノリティのなかでも安心して発言できる人、できない人が出てきてしまう。マイノリティであることは同じかもしれないが、互いに違う人間であることを都度確認し、インターセクショナリティの視点を持って、場の安全性を維持する必要がある。

それぞれに適したコミュニケーション手段も違っている。対面しなければいけない、すぐに応答できなければいけないなどと、コミュニケーション手段を限定されてしまえば、それもバリアになりうる。マイノリティだから皆同じなのではない。それぞれに違っていて、その違いをこそ尊重すべきなのだ。私も苦手とするところだが、マイノリティの状況を改善するために作られる場には、違うからこそ起きるコンフリクトへの対処も欠かせない。

さらに、本田秀夫さんが指摘したように、マイノリティ性だけをトピックにしてつながろうとすることにも限界はある。マイノリティ性をトピックにした場に安心を感じる人もいるが、マイノリティ性がトピックだからこそ、足を運びたくない人もいる。

マイノリティ性以外にも、好きなものでつながれる場があれば、もう少し「つながる」の選択肢は増えるだろう。

マイノリティの「つながらない権利」は、広義の情報保障

私のマイノリティの「つながらない権利」なる発想が、対面コミュニケーションや、明確な目的のないコミュニケーションや共感を目的としたコミュニケーションからの逃避願望から始まっているこ

とは、嘘偽りなく事実だ。

しかし、私が個人的に嫌がっているに留まらず、マイノリティ向けの情報の少なさという不均衡な構造は存在する。私が上記のようなコミュニケーションを嫌がっている事実も、当然、尊重されるべきニーズではある。

マイノリティに必要な情報が届いておらず、その結果、他の当事者や支援者とのつながりを選ばされている現状は、個人のニーズの問題で終わらせられるものでは到底ない。

なお、権利獲得の過程で、マイノリティ性のある当事者同士が「つながる」ことを妨げられてきた歴史もある。マイノリティが連帯し、社会に訴えていく力を持つことを、社会はよしとしなかった。そこに抵抗し続けてきた運動があり、その成果があってこそ、私は「マイノリティばかりにつながる必要性が高いのはおかしい。マジョリティであれば回避できるものもある」と主張できた。マイノリティの「つながらない権利」は、数々のマイノリティの運動の結果、存在できるようになった発想である。

あらためて、マイノリティの「つながらない権利」とは、何なのか。

それは、自分に適さないコミュニケーション手段や望まないコミュニケーションから解放されるだけではなく、自分に適したコミュニケーションの形態を選んでも、あるいは選ばなくても、情報面において不利益がなく、経済的損失がないと約束されることだ。

私の愛読書の一つに、永田カビさんによるコミックエッセイがある。『膵臓がこわれたら、少し生きやすくなりました。』（イースト・プレス、二〇二二年）で、著者の永田さんは自身が酒に依存した原因を分析し、コミュニケーションの不全を挙げている。

永田さんは「立ち向かわねば…人に…コミュニケーションに…」（同書一三三ページ）と嫌がりながらもコミュニケーションを試みようと決意する様子を描いており、私はそのシーンが忘れられなかった。

今の社会構造では、生存のためにやらねばならない「つながる」があまりにも多い。体系化されていない経験による情報も含め、マイノリティの生存に必要な情報が的確に届いていれば、私にも、永田さんにももっと多くの選択肢がフラットに存在したのではないか。

永田さんの場合は、私の言うマイノリティの「つながらない権利」――広義の情報保障――が完全な解決策ではないかもしれない。それでも、嫌がっている人が生存や生活のためにコミュニケーションを強いられるシーンは、減らすべきだ。

コラム

「知能」の持つ危うさ

現代において、「知能」の話題を避けて生活するのは不可能に近い。インターネットを眺めていれば、何も考えられない状態を「IQ3」と称するネットスラングや、侮蔑的な意味で他人を「境界知能」と決めつける発言は探すまでもなく見つかる。言うまでもなく、これらは差別表現である。

発達障害を疑われた成人が自身の特性を把握するためや支援の方向性を探るために受ける検査として知られているWAIS（ウェクスラー式成人知能検査）も、知能検査の一つだ。発達障害の概念が広く知られるようになったのもあって、知能検査はより身近なものになった。

しかし、知能検査の歴史を紐解くと、人間の理性、知的能力の計測があまりにも恣意的で差別的であると理解できる。知能検査は優生学の言うところの不良な人間を判別するためのもので、文化的な違いが考慮されないなど人種差別や性差別を多く含んでいた。そして、知能検査がこれほどまでに広まった経緯は知能が低い人を見つけ出して隔離するためだった。

現在では発達障害特性を知り、本人や支援者が対策を立てたり、合理的配慮の申請の際に使用したりするものだが、知能検査にはそのような歴史がある。知能検査の起こりを知った上で、前述の差別的なネットスラングを見ると、知能を差別の根拠とする人が後を絶たず、知能の概念に何の疑問も持たないことに恐ろしくなってくる。

さらに、現在も知能検査は問題を抱えている。私には視覚障害があるが、WAIS-III（現在はWAIS-IVが広く使われている）の結果を医師に解説してもらった際に、医師は、目で見て判断する項目の数値が低く出たことの理由を、「視機能か発達障害特性か、断言はできない」と言ったのだ。それはつまり、検査で使う身体機能に何らかの障害があった場合、知能が低く計測されてしまう可能性を示している。この点は医学においても問題視され解決が試みられている最中である。

また、知能は音声と文字を用いた言語で計測されるが、音声のみの言語や手話を使う人の知能は本当にしっかり計測できるのだろうか。

そして、知能の尺度は、本当にそれで合っているのだろうか。

知能は人が作り出した概念であり、絶対不変などではない。産業構造が変われば、要求される知能の中身も変化する。

知能が人に優劣をつけるために作られた概念なのは動かせない事実だが、知能検査の使い方はこれから変えていける。その人に適した環境を整えるために知能検査を使っていく社会に向かわねばならない。

1　当事者運動は社会に開かれなくてはならない

ここからは前章で再定義したマイノリティの「つながらない権利」を実現するために欠かせない視点や要素を提案していく。まず私が提案したいのは、マイノリティ性のある人々、つまり当事者の運動が社会に開かれることだ。

マジョリティはふつうに生きていたら知るきっかけがない

「『つながらない権利』の話なのに、なぜ開くのか」と疑問に思った方も少なくないだろう。しかし、マイノリティの「つながらない権利」を獲得するためには当事者運動が社会に開かれなければならない。なぜなら、マイノリティの「つながらない権利」を阻害するものの一つに、マジョリティの無知があるからだ。

相羽さんのインタビューで出てきた、障害児の親が育児について研修を受けられる北欧の制度はそこをよく理解している。障害児の親が障害者とは限らない。障害者の文化も現実も何も知らない健常者が、ある日突然障害児の親になる。そういうことは何も珍しくない。

しかし、この社会でマジョリティとして生きていくのにマイノリティに関する知識はさほど必要ない。視覚障害者であっても白杖を扱えない私がいるくらいなのだから、マジョリティであれば、マイノリティ関連の知識がどれほど抜け落ちるかは想像に難くない。そして、マジョリティであり続ける限り、知らずとも困ることはない。これが特権である。

北欧ほどの手厚い研修はないものの、障害児の育児について、日本でも当事者団体や親の会が精力的に情報を発信している。それでも、親がマジョリティである限り、我が子がマイノリティ性ゆえにぶつかる困難を予期することも、理解することも、至難の業だ。親として努力を重ねていても、社会のなかで作られた常識は簡単には抜けてくれない。

進路選択への助言において、それが顕著に出てくる。親も自分の視点で助言をするが、その視点はマイノリティのことを知らなくても困らない社会で形作られたものだ。視覚障害者の職業としては三療（あんま、鍼、灸の総称）の道しかない、セクシュアルマイノリティといえば夜の仕事。そんな言葉が親から悪意もなく飛び出した経験は私も見聞きしている。

「つながらない権利」のために、開く

マイノリティのことを知らなくても困らないのではなく、当たり前にマイノリティが暮らしていることを実感できる社会でなくてはならない。それも、キーワードを知り検索しなくても、生活に情報が飛びこんでいくくらい、一般的なものになる必要がある。

とはいえ、点字ブロック、手話、車いすなどをまったくイメージできない人もいないだろう。ではそれらを使う暮らしとは、どういうものなのか。どこに困難があるのか。どんな風に余暇を楽しんでいるのか。どのように収入を得ているのか。その暮らしをイメージできるようになるにはどういう発信が必要なのだろうか。

地域づくりの文脈で使われる、「関係人口」という言葉がある。関係人口とは、その地域に住んでいるのでもなく、観光に来たのでもない、多様な方法で地域に関わっていく人々を指す。（参考：関係人口ポータルサイト　総務省　https://www.soumu.go.jp/kankeijinkou/about/index.html）

また、企業組織の利害関係者を指す「ステークホルダー」も重要な言葉だ。単に消費者や顧客だけ

ではなく、取引先や株主、行政機関、未来の顧客までを含む幅広い概念といえる。

当事者やその家族、支援者や政策決定者に向けた発信のみでなく、マイノリティの関係人口やステークホルダーを増やす発信ができないだろうか。これができれば、マジョリティとして生きていてもマイノリティの情報がある程度目に入り、親となっても子どものマイノリティ性を深く理解し的確な助言が可能になるのではないか。

また、関係人口やステークホルダーとなりうるのは、親となるかもしれない人々だけではない。人はマイノリティ性を付与される可能性があるし、大切な人がマイノリティ性を抱えることもありうる。そう考えると、決して誰も関係のない話ではないのだ。


それなのに、当事者運動の向いている先の多くは当事者と家族、支援者、政策決定者だ。当事者運動は当事者の安全な場を作るためのものだからそれも当然だけれど、「視覚障害があるとどういう生活になるのかな」「聴覚過敏ってどういう状態なんだろう」とライトに興味を持った人がアクセスする手段は本当に少ない。その人が未来の協力者になるかもしれないし、あるいは未来の当事者かもしれないのに。その視点が抜け落ちているように思えてならないのだ。

もちろん、人材や資金不足のために前述のような一般向けの発信にまで手が回らないこともあり、当事者運動だけではどうにもならない部分もある。けれど、現在の当事者、そして未来の当事者のためにマジョリティに向けた発信が必要だとする発想は持つべきだ。

視点を変えて、関係人口やステークホルダーを増やす

そうは言っても、マジョリティに興味を持ってもらうことは難しい。講習会や研修のような形式はある程度興味がないと行く勇気が出ない。何か入り口が必要だ。

入り口として、娯楽は一定の役割を果たしうると私は考える。

例えば、全盲の視覚障害者によるゲーム実況や全盲の芸人のInstagram、セクシュアルマイノリティのカップルチャンネル、マイノリティ性を取り扱った小説や漫画や映画がある。私は視覚障害者としては見えている方だが、ゲームは下手だ。ゲーム内で移動を必要とするものでは毎回道に迷うし、戦闘では敵の動きに合わせて回避も攻撃もできない（晴眼者でも苦手な人はいる）。視覚情報がほとんどのゲームを全盲の視覚障害者がどのようにやるのか、正直私も想像がつかないし、動画を視聴しても何が起きているかわからない。自身がゲーム下手だからか、全盲の視覚障害者によるゲーム実況と聞くと、興味をそそられる。

ものによっては偏見を助長してしまうこともあり、こういった発信がすべていいものとは言えない。発信する当事者によってコンテンツのクオリティもまちまちではある。しかし、ライトに興味がある

人だけではなく、今までマイノリティのことを知らないで生きてきた人にも、実際にマイノリティが「いる」と示せる。これは大きい。

お盆と年末のコミックマーケットを主催する団体が献血に寄与し表彰された話もあるが、そういった場に出ていって、目に入ること、そして接触の機会を作ることで、マイノリティが「いて当たり前」になる。

逆説的な話だが、閉じるためには開かれた状態も必要なのだ。

コラム

優生思想の正体を捉える

強制不妊手術や障害者殺しだけではない、優生学の実践

優生思想と聞くと、ナチスドイツによる障害者の大量殺害が想起されることだろう。少し詳しい人ならば、現在の日本において旧優生保護法に基づいた強制不妊手術の被害者たちが国に損害賠償を求めている裁判（二〇二四年七月三日最高裁判決）のことも思い浮かべるかもしれない。それらは今も社会が向き合わなければならない課題だ。

しかし、実際優生思想の領域は今一般に知られているよりずっと多岐にわたる。それは、人類を改良しようという無謀な欲求から始まった科学と政治、差別の融合であり、今なお続く人類の過ちだ。

優生思想は二〇世紀初めに優生学という学問として姿を現し、科学と社会が結びついて、よきことのためにと科学者や政治家がさまざまな優生学に基づいた政策を実行したこと、日本においては戦後の旧優生保護法や「不幸な子どもの生まれない運動」といった、必ずしも悪意に基づかない実践があったことには注意が必要だ。

まずは優生学の実践の概観を振り返ってみよう。

優生学は、「良質な人間やその子孫を後世に残し、不良な人間や子孫は排除する」ことを掲げたものだった。前半の「良質な人間やその子孫を後世に残す」実践は積極的優生学とも呼ばれており、それらの実践は現在の福祉政策にも通じるものがある。良質な人間に子どもを産み育てやすい環境を提供し、より多くの良質な子孫を残してもらおう、というわけだ。そして後半の「不良な人間やその子孫は排除する」にあたるのが、消極的優生学と呼ばれ、優生学の実践として広く知られている、本人の同意を得た不妊手術や強制不妊手術、障害者の殺害などである。

優生学が広まったのは第一次世界大戦後の各国でナショナリズムが高まっていった時期でもあることも忘れずに述べておきたい。

また、優生学の実践や優生思想の発露は決して悪意のみによってなされるわけではないことも、強調しておきたい。優生学の実践者や優生思想の持ち主が皆、不良な子孫とされた人々への悪意を持っていたわけではなく、そういった人々を不幸とあわれむがゆえに引き起こされた被害もある。日本での「不幸な子どもの生まれない運動」（兵庫県から全国に広まった）や「愛の十万人運動」（宮城県）などの名称からは対象となる障害者への殺意ではなく、善意やあわれみが伝わってくる。

このことは優生思想を正しく理解し、克服する際に置き去りにしてはいけない。善意から生まれる差別はそう珍しくない現実だ。

優生思想は生きるべき命とそうでない命を選別する。

そして、誰が良質な人間で、誰が不良な人間なのかがどのように判断されたのか。ここに能力主義が関わってくる。学業や仕事ができるかどうか、あるいは健康な精神と肉体を持っているかどうか、望ましい態度を取っているかどうか。さまざまな尺度で人々は選別された。

結果、どのような人が不良な人間として排除の矛先を向けられたか。障害者、病者、セクシュアルマイノリティ、国家にとって望ましくない行動をする人々などが対象となった。それは非常に恣意的で差別的な基準で行われ、元々存在した差別を強化するものとなった。

また、ここで優生学の実践は重大な人権侵害であることに加え、現代の科学から見て科学的な根拠に乏しいことにも言及したい。人間は生殖において自身の完全なるコピーを生み出すのではなく、自身とパートナーの持つ遺伝子をさまざまに組み合わせることで多くの可能性を模索する方式を採っている。人間は自己を複製していくのではなく、遺伝的多様性を持つことでの生存を選んだのだ。

その観点で言うと、優生学の実践は遺伝的多様性を失わせる方向に向かっており、人類の生存の意味でも破滅へ誘う思想だと、私は考える。

現在、この社会は優生思想を克服できていない

優生思想は決して過去のものではない。

二〇二三年においても、知的障害のある利用者のカップルに不妊処置を提案したグループホームが確認されている。「強制ではない」との施設側の回答も、グループホームでのケアなしには生活できない利用者との権力勾配を考えれば、言葉通りの状況だったとは到底思えない。

その上、グループホームにおいて、カップルや家族での入居が可能となっている割合は著しく低い。不妊処置を提案するまでもなく、グループホームで子どもを産み育てるのはほぼ不可能だ。障害者は結婚などできないだろう、してくれるなという、制度設計

者の意図を感じるのは、私の考えすぎではないだろう。

また、知的障害や発達障害、重度の身体障害のある人々の子育てに対し、世間の目は冷ややかだ。そのような人々が子育てをしている様子がメディアで発信されると、優生思想を感じるコメントが必ずつく。「障害者は子どもを産むな」「自分のことも自分でできないのに」「子どもがかわいそう」とお決まりのフレーズだ。

そんな社会で、新型出生前診断（NIPT）が普及していっている。これまでのように公的な政策として進められてきた実践ではなく、個人の選択の集合としての命の選別が、今このときも進んでいる。

新型出生前診断の結果を受けて中絶を選択する人々を責めたいのではない。障害や病気のある子どもを育てるには、そうでない子どもの場合よりも多くのリソースが必要だ。そして、障害や病のある人々と隔てられて育ってきた人が、障害や病とともに生きる子どもやその人生を想像するのは、非常に難しい。漠然と「かわいそう」とあわれんでしまうこともあるだろう。

だが、その「誰かの幸せを勝手に定義し、あわれむ行為」こそが、優生思想の萌芽なのだ。幸せを願うがゆえに、この社会で障害や病気とともに生きる難しさを知るがゆえに、あるいはこの社会を生きる障害者や病者を知らないがゆえに、人は優生思想に絡め取られる。

この社会は、未だ優生思想を克服できていない。

参考文献

『生きられた障害――障害のある人が、妊娠、出生前検査、親や子どもについて、語ったこと』（二階堂祐子著、洛北出版、二〇二二年）：障害のある人へのインタビューを通して、今を生きる障害のある人が生殖をどう捉えているかを知ることができる。

『14歳から考えたい 優生学』（フィリッパ・レヴィン著、斉藤隆央訳、すばる舎、二〇二一年）：優生学や優生思想がどうよくないのか理解するのにおすすめ。歴史を紐解き、現在の問題も提示してくれている。

『ルポ「命の選別」――誰が弱者を切り捨てるのか？』（千葉紀和、上東麻子著、文藝春秋、二〇二〇年）：障害者のグループホーム建設反対運動、新型出生前診断、社会的入院など、さまざまな角度から命の選別が加速する現状を知ることができる本。

『私がアルビノについて調べ考えて書いた本――当事者から始める社会学』（矢吹康夫著、生活書院、二〇一七年）：番外編（八四ページ）に掲載

2 オンライン空間が鍵を握っている

マイノリティの「つながらない権利」を実現するのに欠かせないものの一つとして、私はオンライン空間を挙げたい。昨今、差別言説の温床と認識されてもいるが、それでもたしかにオンラインに救いはある。

ただその場にいることを許すオンライン空間

オンライン空間は、その場にただ存在することを許す設計が可能だ。名乗らず（あるいは本名ではない名前を名乗り）、声も出さず、顔も出さず、ただそこにいて、その場で行われることを見聞きしている。そんな参加の形もオンライン空間にはある。

これが対面の場であれば、即座に「あなたは誰なのか」を問われ、イベントを主催する側に姿を見られることは避けられない。頭の先から爪先まで、その場に現れたときの服装、メイク、そこで見聞きできる限りの情報を渡してしまうほかない。情報があれば、人は相手を記憶する。

オンライン空間の匿名性を手放しに称賛するわけではない。そもそも完全な匿名ではないし、そうあるべきではない。現状でも、オンライン空間で差別言説が増幅され、蔓延している。誰か、あるいは特定のマイノリティ属性を攻撃する行動はオンライン空間であっても、罰せられるべきだ。

しかし、オンライン空間で現実を生きる自分ではない誰かとして、ただその場にいられることは安心をもたらす。逆に言えば、自分が何者であるかを明かさねばならない状況はマイノリティを追いこむ可能性もある。

マイノリティ性を明かさなくても、マイノリティの生存のための情報にアクセスできる。その情報にアクセスしたと誰かに表明せずとも、その恩恵が受けられる。

そんなシステムを構築するなら、オンライン空間は最適といえる。

オンラインの距離感で生まれるもの

オンライン空間を「冷たい」と批判する人が後を絶たない。この批判は当たっているのだけれど、そもそも、「冷たい」のは悪いことだろうか。

よくも悪くも、オンライン空間での出会いには物理的、心理的な距離がある。他者との関係性において境界線をきっちり保ちたい人にオンラインは向いている。徹底して境界線を引くことがオンライン空間を遊ぶ秘訣ともいえるからだ。

オンライン空間は冷たい。距離がある。それは事実だ。それがいいと私は強く思っている。

画面の向こうの人とはクリック一つ、タップ一つで縁が切れる。もし何かの拍子に自身のマイノリティ性を知られて、相手が嫌な態度を取っても関係性を終わらせてしまえる。現実ではそうもいかないからこそ、マイノリティ性の開示には慎重になる。つまり、オンラインでなら、ある程度は関係性の取捨選択が可能になるのだ。限界はあるが、現実よりは選択肢が広がる。

オフラインの空間でマイノリティ性を明かすと、「ケアさせられるのではないか」と身構える人もいるが、オンラインでは「へえ、そうなんだ」で終わることが多い。物理的、心理的に距離があるからだろう。自分のマイノリティ性は、画面の向こうの人間の生活には、関係ない。逆もまた然り。

オンライン空間は、マイノリティ性が後景化しほかの要素が前面に出る場所にもなりうるのだ。普段どんな生活をしているかより、この人がゲームをプレイする様子がおもしろい、絵が上手、好きな小説を更新しているなどの要素が大事になる。「マイノリティの○○さん」でなくてもいい空間はポジティブな意味での逃避先になりうる。

オンライン空間は距離を越える

忘れてはならないのは、都会と地方の格差である。はっきり言うならば、東京とそれ以外の格差だ。東京ではマイノリティのためのイベントが高頻度で開かれている。東京以外では行われたとしても頻度は少ない。

だから東京以外でももっと開催してほしいとの意見も筋は通るが、実際には難しい。その地域で活動している人は多くないし、活動している人が都市部から移動するなら費用が発生する。そういったものを払えるほど資金が潤沢な団体ばかりではない。

オンライン空間はそういった問題の多くを解決する。すべてを解決するわけではないが、家から出るのが難しい人、長距離移動がつらい人にも情報を得る機会がもたらされる。

ただ情報を受け取ることも、マイクもビデオもオフにしてオンライン空間に存在しイベントを見聞きすることもできる。それは、オンライン空間がなければ実現しなかったことだ。

現在、トランスジェンダーへのヘイト言説がオンライン空間に溢れかえっている。何か事件があれば、障害者もすぐに標的になる。法整備、システムの見直しなど、反差別のオンライン空間を作る努力は今後ますます必要になってくるだろう。

しかし、マイノリティにとってオンライン空間が救いになりうること、誰でもないままに情報を得られるオンライン空間の構築が、マイノリティの「つながらない権利」の実現の鍵を握っているのも揺るぎない事実だ。

3 マイノリティのための運営や資金のあり方

オンライン空間が活用できるにしても、マイノリティの「つながらない権利」を保障するには、運営する人や資金が必要だ。そのあり方にも気をつけなければ、マイノリティの方を向いた運営ができなくなってしまう。どのようなやり方が適切なのか、考えていく。

専門家と当事者が協業して、情報を作る

マイノリティの「つながらない権利」の実現のためには、提供される情報の正確性は不可欠な要素だ。しかし、医師をはじめとした専門家のみの情報発信では当事者の実情や知りたいことから離れてしまうリスクがある。当事者のみで何か発信しても、間違っていたり、誤解を招いたりする情報にな

ってしまうかもしれない。

現状、専門家は専門家で、当事者は当事者で別々に情報を作っているケースが散見される。それを協業して情報を作っていく形にすることで、正確性もあり、当事者のニーズに即した情報を作れるのではないか。


専門家の専門性にただ追従する権威主義ではなく、マイノリティ性とともにある当事者の専門性も尊重していければ、手を取り合うことは可能だろう。マイノリティに関わる専門家も、情報が錯綜する現状をよしとしているわけではない。

マイノリティによっては、専門知への不信もあるだろう。調査や研究を名目にひどい扱いをされた当事者はその経験を決して忘れない。不信を払拭する努力は専門家の方でやるべきだ。

それでも、専門家の手は必要だ。

科学への信用の低さを市民の知識のなさによるものとし、権威主義的に知識を流しこもうとする欠如モデルに陥らずに当事者はじめ市民とコミュニケーションしようとする専門家、そして専門家と当事者をつなぐサイエンスコミュニケーター、自身の経験の価値を信じ新しいことを知っていきたいと願う当事者。この三者がマイノリティの「つながらない権利」の実現を目指す情報作りに欠かせない。

運営は利益の出ないこともやれる形で

では運営はどういう団体、あるいは人が行うべきなのか。

難病の人々を取り巻く現状を改善するビジネスプランを口にすると言われる定番の台詞がある。「それ、利益出るの？」だ。

利益は大事だ。霞を食べて生きていけるわけではない。人が時間と労力をかけるならば対価は必要で、そのために利益は必要不可欠だ。

でも、利益が出なくてもやるべきことが存在する。それがマイノリティの「つながらない権利」の保障に関わるサイエンスコミュニケーションだ。

マイノリティは少数派と和訳されることもある通り、基本的にその数は少ない。市場原理との相性は悪い。利益が出なくても、たった一人のマイノリティを救うことができるならやるべきという判断も可能な形態で運営しなくてはならない。マイノリティの「つながらない権利」はマイノリティのなかでも周縁化され、後回しにされてきた人のためのものだ。そこは譲れない。

どうやったらそんな運営が可能なのかは模索中だが、利益になるか否かではなく、その活動に価値があるかで考え、進んでいける運営方法は外せない要素だ。

公的資金と事業収入で独立性を確保

当然、資金の話は外せない。人はどうしても出資者の方を向いてしまう傾向がある。お金を出してもらっていると思えば、意見も言えなくなる。そんな状況はありふれている。

では、完全に自己資金でやるべきか、というとそれも違う。そもそも、本来マイノリティの「つながらない権利」は公的に権利として保障されるべきものなのだ。公的な資金もなく、自助努力でやるのはおかしい。

資金源は公的な資金と情報発信を軸としたサイエンスコミュニケーションによる事業収入を柱としていくのがいいだろう。公的な資金は一定の割合までで運営する。マイノリティの方を向き続けるサイエンスコミュニケーションであるためには、未だ差別の残る公的機関の意向を聞きすぎず、また、運営が間違えた場合にそれを検証しやり直せるような、独立性と風通しのよさが必要になってくる。

とんでもない難題に違いないが、実現すれば、マイノリティの状況は大きく改善する。

4 マイノリティとテクノロジーの距離は揺らぐ

マイノリティの生活とテクノロジーは切っても切れない縁がある。テクノロジーは障害者や病者、セクシュアルマイノリティである証拠（障害者手帳や医療費受給者証、セクシュアルマイノリティ向けのアプリへのアクセスなど）を本人の意思を無視して明らかにすることさえ可能だ。一方で、身体障害を補うのに寄与するのはテクノロジーの発展だ。

マイノリティであるからこそ、テクノロジーとの距離を考える必要に迫られる。本書での「つながらない権利」の実現にあたってもテクノロジーとの距離感は肝要だ。

最新のテクノロジーはマイノリティを救うか

多くの医療機器や補助具が障害者や病者の生活を支えている。電動車いすやスマホの読み上げ機能、字幕など、障害者や病者の暮らしはテクノロジーがあってこそ成り立っている。健常者よりもずっと、テクノロジーを必要としているのだ。セクシュアルマイノリティにとっても、出会いやピアサポートのきっかけを得るのにSNSやアプリは欠かせないものといえる。

私自身も新しいテクノロジーを知ると、自分の生活にどう役立てるか想像を巡らせていた。未知のテクノロジーが生活をどう変えていくのか、手放しで期待していた時期もあった。今はメリットもデメリットも当然あると考えているが、それでも未知のテクノロジーには心惹かれる部分がある。それは遮光眼鏡や持ち運べる拡大鏡、パソコン、日焼け止めクリームやUVカット衣料に助けられてきた経験によるところも大きい。日焼けを避けなければならないなかで、日焼け止めクリームやUVカット衣料なしでは外出のハードルは今よりもずっと高くなっただろう。

テクノロジーがマイノリティの生活を難しくするケースもある。例えば、セルフレジの普及が特定のマイノリティの困難を大きくしている件だ。視覚障害の程度が軽く、レジスタッフとのやり取りに緊張する私にはセルフレジはありがたいテクノロジーであった。入店して買い物を終えるまで、誰とも会話しなくていい。有人レジばかりの頃よりもリラックスして買い物を終えられると感動した。

しかし、高齢者や視覚障害者のなかには、セルフレジによって困難が大きくなる人もいる。セルフレジの画面が見えない／見えにくい、ポイントカードやクレジットカードなどの複雑な処理を自分で行うのが難しい、新しいことを覚えるのが大変などの理由で、セルフレジが買い物を困難にしてしまう。

それでも、社会はテクノロジーを取り入れて、急速に先へ先へと進んでいく。マイノリティはテクノロジーを好きでも嫌いでも、そこから目をそらすわけにいかない。自分にとってよいものを取り入れていくほかない。

テクノロジーと「うまくやっていく」

マイノリティの生活を劇的に変えうるテクノロジーだが、その活用には問題点もある。マイノリティへの普及が後回しにされがちな点、そしてマイノリティを排除するテクノロジーや利用法も存在する点だ。

マイノリティへの普及が後回しにされる例として、交通系ICカードが挙げられる。交通系ICカードの普及で毎回運賃を計算することなく、改札にタッチするだけで電車に乗るのは当たり前になった。しかし、障害者割引が適用される場合、そうはいかない。みどりの窓口や有人改札で対応してもらわないといけないのだ。最近になって障害者用の交通系ＩＣカードが作られたが、使えるサービスの範囲が限られているなど、使い勝手がいいとはいえない。

また、現在半導体不足の影響でカードではなく、モバイルのＩＣカードが推奨されているが、都営交通が無料になる障害者はカードを使うしかない。都営交通を無料にする処理がモバイル対応していないから、との理由だった。しかし、障害者だからこそ、スマホを常に持って字幕を見たり調べ物をしたりする、白杖を使うなど手が塞がる要素が多い。交通系ＩＣカードがスマートウォッチやスマホと一体化すれば便利なのに、マイノリティの便利な生活は後回しにされている。技術的に無理な話ではないだろうことが、マイノリティに関するものだから遅れている。

新型コロナウイルスの感染拡大において、障害者手帳の情報が行政に把握され、それを活用してワクチンの優先接種が行われたのも、テクノロジーの恩恵だ。基礎疾患のある人々に優先接種の案内を送付でき、ワクチン接種を進めることができた。

一見よい話に聞こえるが、利用次第では障害者や病者を把握し、排除する方向にも使えてしまう。例えば、就職にあたって障害や病気がないか、国籍はどうか、セクシュアルマイノリティ向けのアプリの利用歴があるかなどを本人の同意なく事業者が照会してしまう、また照会に同意することを採用試験の条件とする、などといったことも考えられる。それだけではなく、個人のゲノム情報も差別に使われるリスクをはらんでいる。

また、テクノロジーがマイノリティ性の克服を迫るケースもある。テクノロジーによって障害が軽減されたり克服されたりするからといって、誰もがテクノロジーを受け入れなければならないわけではない。テクノロジーにはメリットもデメリットも存在する。それを知った上でテクノロジーをどう使うか、自己決定をする。そういった権利は誰であっても侵されてはならない。

テクノロジーを実装する側にマイノリティの人権や生活を考える視点がなければ、テクノロジーがマイノリティに牙を剝くだけのものになってしまう。テクノロジーに関わる仕事、それも意思決定の場にマイノリティが参入していくことや、実装にあたりマイノリティにヒアリングを行うことなど、さまざまな手段が講じられるべきだ。

テクノロジーと仲良くなることも、忌み嫌うこともできないのがマイノリティの宿命といえる。迷いながら、目をそらさず、マイノリティとテクノロジーについて思考を巡らせていくしかない。テクノロジーと決別するわけにはいかないのだから。

コラム

「正しい」情報とは何か

ここまで、マイノリティの「つながらない権利」を保障するには、情報の正確性が欠かせないと書いてきたが、「正しい」情報とは何なのか、この連載の終わりを前に考えてみたい。

私は、情報発信における科学的な正しさを大事にし続けている。それはこれからも変わらないだろう。サイエンスコミュニケーションをやる以上、そこを欠いてはならない。その上で、科学的に正確であるからそれが「正しい」情報であるとは言い切れない現実がある。

医学書や難病の解説のみで、アルビノ（眼皮膚白皮症）を完全に理解するのは不可能だ。実際には医学的には望まれるケアを個々の事情で回避したり、あるいは一部受けなかったりするからだ。

当事者はアルビノという属性だけで構成されているのではなく、他にやりたいことも人生において大切にしたいこともある人間だ。病気と付き合っていく上で、病気への対処のみに専念しなければならない場合もあるが、そうしなくてもいいのならそれ以外の要素を入れた人生を歩みたい。

しかし、そのような人生の実態は医学書には載っていない。

科学的に正しいアルビノの情報なら、「難病情報センター」というWebサイトに載っている。だが、それは科学的に正しいけれど、アルビノに関する正しい情報ではない。科学的に正しい情報を作るにあたり、切り捨てられた事実は存在する。

例えば、アルビノの人の目の色。実際には難病情報センターに記載された「青から灰色調」よりもっと多様な目の色をした人がいる。髪の色だって同じことだ。色素が薄い、あるいはないと書くけれど、色みも違えば、成長に伴って色が変化する人もいる。

そんな事実は、「科学的に正しい情報」には含まれていない。

なぜそうなるのか解明できていない部分があること、また科学的には不要と考えられた可能性があることなどが「科学的に正しい情報」から切り捨てられた理由として想定できる。アルビノは症状に幅のある疾患なので、それを考えるとより一般化しなければならないのも納得できる。

でも、その情報を「正しい」としてしまえば、記載されなかった状況の人々は存在がなかったことにされてしまいかねない。記載がなくても、存在している。真実がある。そのことを忘れて、「正しい」情報を考えるのはよくない。

また、正しいとされる情報が過度な不安や恐怖を煽る結果を招くこともある。人は未知のものを怖がり、遠ざけようとする。それ自体は自然な反応だが、適切に怖がることを妨げる発信もあり、パニックを誘発している。

マイノリティに関する情報発信も方法次第では、「何か失礼なことをしてしまうかもしれないから関わらないようにしよう」という意識を生みかねない。

マイノリティに理不尽への怒りを表明するなと言うのではない。しかし、知らないかどうすればいいかわからないと困惑する相手に、知らないことを責めたら逃げ出すだろう。わからないままに怒りを向けられるのは誰だって怖い。私も逃げる。

説明するコストをマイノリティが払わされるのも理不尽ではあるが、正しくないと怒られたら逃げ出したいのも人だろう。逃げてしまえるのも特権なのはその通りだが、情報発信のやり方を見直すべきなのも揺るぎない事実だ。

情報はただそこにあるのではない。作り手がいて、受け手がいる。

発信する際に科学的に正しくても、それがそのまま正しいとは限らない。受け取る側のことや誰のための情報か吟味することも大事だ。

受け取る側の状況もある程度加味してこそ、「正しい」情報が作れるのだろう。

コラム

多様性という戦略、人権という約束

マイノリティの権利を訴えると、「役に立たないやつのために、何でそこまでしてやらなきゃいけないんだ」と言葉や態度で示してくる相手は少なくない。「採算が取れないからできない」と言い放つことは、「あなたの権利があるのは理解できますが、それは後回しです」あるいは「予算がないので、あなたの権利はずっと制限されたまま、あるいは保障しません」と言っているに等しい。

マイノリティ属性を持つ私としては、「では、私の世界を体験してみてください。それでもなお、同じことが言えますか」と返したくなる。この返答はあまり意味がないと思うが、それでも、心情としては強い言葉をぶつけたくなるのも当然だ。とはいえ、私の世界を体験しても、私と同じことを困難に感じるとも限らないので、結局相互理解の役には立たない仮定だ。人は相手を理解しきれない。

人権があるから権利を保障してほしいと訴えても、平然と権利を侵害され、権利があることにも気づかないよう誘導される。マイノリティの悲しき現状だ。

マイノリティにも人権があり、マジョリティのそれと同じく、そして現状の不均衡を補うほどには保障されなくてはならない。そのことを前提とした上で、人間が生存戦略として多様性を選択した意味についてここに示す。すでに人間は多様だ。

私は、人間は何かを判断するにはあまりに物を知らなすぎると考えている。現代の科学技術においても、研究され始めた当初は何の役にも立たないと見られていたものが今では現代社会を支えるのになくてはならないなどというケースは枚挙にいとまがない。そういう話はこれからも発生し続けるだろう。

そして、人間にさえそのようなことは起こりうるのだ。記憶に新しい新型コロナウイルスによるパンデミックでは、社会の状況が大きく変わった。突然のリモートワークで、水を得た魚のようにいきいきと働く人も、誰かと直接会う頻度の少ない生活で気が塞いだ人もいるだろう。

それに、もしも人間の遺伝的多様性が低く、新型コロナウイルスに抵抗が難しい人間ばかりであれば、今よりはるかに状況は厳しくなっていたのではないか。どんな人が新型コロナウイルスに抵抗性が高いか、あるいは低いかの本格的な研究は今後数十年をかけて進められるだろう。

このことから、人間は生存に欠かせないものを、そうと知らずに、自らの手で排除してしまう危険性と常に隣り合わせだ。裏を返せば、他との違い、特に現在不利とされている違い――マイノリティ性――は、未発見の可能性を秘めていると推測できる。

遺伝的多様性だけではない。人間の多様性は、目先の利益になる、ならないではなく、もっと根本的に人間の生存の手札を増やす戦略なのだ。

個人レベルでも、どんな事態が起こっても不自由なく生きられる社会の方が生存の可能性は上がる。

人間は等しく人権を持ち、それが保障されるのが正義である。

その一言で済ますことができればどれほどよかっただろうか。だが、自分を守るのに精一杯の状況下で、それだけでは論拠としては足りても、強い動機に結びつかない人も少なくないだろう。追い詰められればそうなって当たり前だ。

だからこそ、あらためて言う。

人間は未知の違いを排除するのではなく、それらも包摂して進む、つまり多様性を高める戦略を社会としても、生物としても選択した。その意思表明が人権という約束だ。歴史において、人間は人権の保障を掲げ、実現に向かうと決断した。選んだ以上は責任があり、人権の保障を徹底し、多様な人間が生きていける社会を維持し続けるべきなのだ。そしてその営みは個々の、つまり、あなたの生存にも有益だ。

おわりに

私のままで生存できる社会を作る

本書の始まりは、「コミュニケーションから逃げたい」だった。本書の執筆を終えようとしている現在、それは「対面コミュニケーションから逃げたい」「他者と距離を遠く設定したい」に変化している。

対面コミュニケーションの訓練をしようとは思わなかった。しなければならないのだろうかと追い詰められた時期もあったが、「それはおかしい」と思い直した。

どうして私が望んでいないことを生きるために仕方なくやらなければいけないのか。

生きるために食べるように、それは本当にやるべきことなのか。

絶対に違う。何のための現代なのか。何のための知性なのか。

自然とそうなってしまうことに介入し、解決策を見出せるからこその人間だろう。

私は対面コミュニケーションから逃げたいし、人と距離を取っておきたいと考えている。

でも、なかには対面コミュニケーションが苦手だけど、そこでしか満たされないものがあり、それを求めている人もいるだろう。そういう人には本書は有意義な提案をできていない。

その代わり、誰かと「つながる」ことが難しいあるいは望んでいないけれど、生存に必要な情報を得たいと願う人にとっては重要な提案になったと考えている。


生存に必要な情報を得る権利は誰にでもあり、コミュニケーションを回避しようとしまいと保障されるべき権利だ。

人間は、どんな人間であっても人権があると決めた。それに従えば、マイノリティであるからこそコミュニケーションをしなければならなくなるのは、人権侵害だ。マイノリティは、あたかもそうしなければならないかのように思わされてきた。

本当は現代の技術や知識で何とかできるのに。


私の人生は私のためだけにある。

私が私を喜ばせるために行動し、生きていく。

それだけで時間はいくらあっても足りない。

望まないことをやらせようとする社会に付き合う時間なんかない。ただでさえ、私の持つリソースは限られている。


私たちには人権がある。

それは多様な生き方を肯定し、先に進むためのものだ。

私が私のままで、そしてこれを読んでいるあなたがあなたのまま生存する。

そんな社会を実現するのに、マイノリティの「つながらない権利」は一つの希望として存在する。

あとがき

　どこに行っても、よそ者の自覚があった。それは学校でも、当事者コミュニティでも、私が誰にも共感しなかった事実のみで説明されるものではない。私に共感する者もどこにもいなかったからでもある。置かれた状況を疎外感や寂しさで説明する気はない。私は疎外されている事実を認識していたが、それそのものに何らかの感情を抱いてはいない。そこから生じる不利益――情報不足を問題と捉えていた。

　そういった環境を解析し終えたとき、視界が明瞭になった。完全に安心できる、私のための安全で心地よい空間を作ってもらうのを待つのではなく、自分で築き上げるほかない。私のなかで覚悟が決まった。

　孤独を愛していても、必要な情報や支援へのアクセスに不利が生じないこと。どのように生きるかを自己決定できるようにする。そのような権利をマイノリティの「つながらない権利」として確立するために私は本書を書き上げた。権利を求める根拠、そしてどのように実現していくか。

マイノリティが「つながる」ことから逃れにくい現状にあって、つながらないとしても生存に差異が生じてはならないと言論を展開する意義は大きい。

マイノリティの運動の歴史でもふれたように、マイノリティ同士が「つながる」ことで権利を獲得してきた。その歴史があり、オンラインをはじめとしたテクノロジーがあって、ようやく私は「つながらない選択肢が欲しい」と書けた。その意味で先人たちが作った道があったからこそ、今この発想に至った。

そういった経緯があっての、マイノリティの「つながらない権利」なのだ。「つながる」ことを知ったからこそ、「つながらない」と決断する余地が生まれた。これまでマイノリティの権利獲得に向けて活動されてきた方々への敬意も忘れずに、これからもマイノリティの置かれた状況を批判し続ける。

マイノリティ向けの情報を充実させようとすれば、必然的に科学技術との距離も考えなくてはならない。マイノリティはマイノリティであるがゆえに科学や医療から離れられないからだ。本書の執筆は科学技術コミュニケーションを学ぶきっかけの一つとなった。

私自身の偏りに向き合う場面が生じ、痛みなしでは書き上げられなかった。自分で己の可能性を奪っていたかもしれないと気づいたときの痛みは相当なものだった。それでも「つながる」以外の手段で必要な情報を得る権利を求める本書を書き上げるべきであり、書き上げたことを誇りに思っている。

企画を見てくださった皆さま、インタビューにご協力いただいた飯野由里子さん、本田秀夫先生、相羽大輔さん、そして連載から書籍化まで編集してくださった辛島さま、本当にありがとうございます。

◎著者略歴

雁屋 優（かりや・ゆう）

フリーランスの文筆業／日本アルビニズムネットワーク（JAN）スタッフ。

1995年生まれ。茨城大学理学部卒業。北海道大学CoSTEP（科学技術コミュニケーター養成プログラム）2023年度修了。

アルビノ（眼皮膚白皮症）、自閉スペクトラム症（ASD）、うつ病とともにある病者で、アロマンティック／アセクシュアルのセクシュアルマイノリティ。

医療・科学・社会課題に関する記事を主に執筆している。Webメディアでの記事執筆、自主制作のほか、論考「家族をつくる選択肢を緩やかに確実に奪う構造の解剖――障害者グループホームの制度設計から見る優生思想」（『季刊　福祉労働　176号』現代書館）がある。

マイノリティの「つながらない権利」
ひとりでも生存できる社会のために

2025年1月15日　初版第1刷発行
2025年3月25日　初版第2刷発行

著　者　雁　屋　優
発行者　大　江　道　雅
発行所　株式会社　明石書店
〒101-0021　東京都千代田区外神田6-9-5
電　話　03（5818）1171
FAX　03（5818）1174
振　替　00100-7-24505
https://www.akashi.co.jp/

装丁　明石書店デザイン室
印刷　株式会社文化カラー印刷
製本　協栄製本株式会社

（定価はカバーに表示してあります）　ISBN978-4-7503-5853-6

カモフラージュ

自閉症女性の知られざる生活

サラ・バーギエラ［著］
ソフィー・スタンディング［絵］
田宮裕子、田宮聡［訳］

◎B5判変型／上製／48頁　◎2,000円

発達障害特性が目立たないよう「カモフラージュ」しながら日々の生活を送る自閉症女性の苦難を、美しいイラストとともにわかりやすく紹介。その苦しさを理解し、自閉症スペクトラム障害児者が暮らしやすい環境を作っていくために読みたいはじめの一冊。

《内容サンプル》

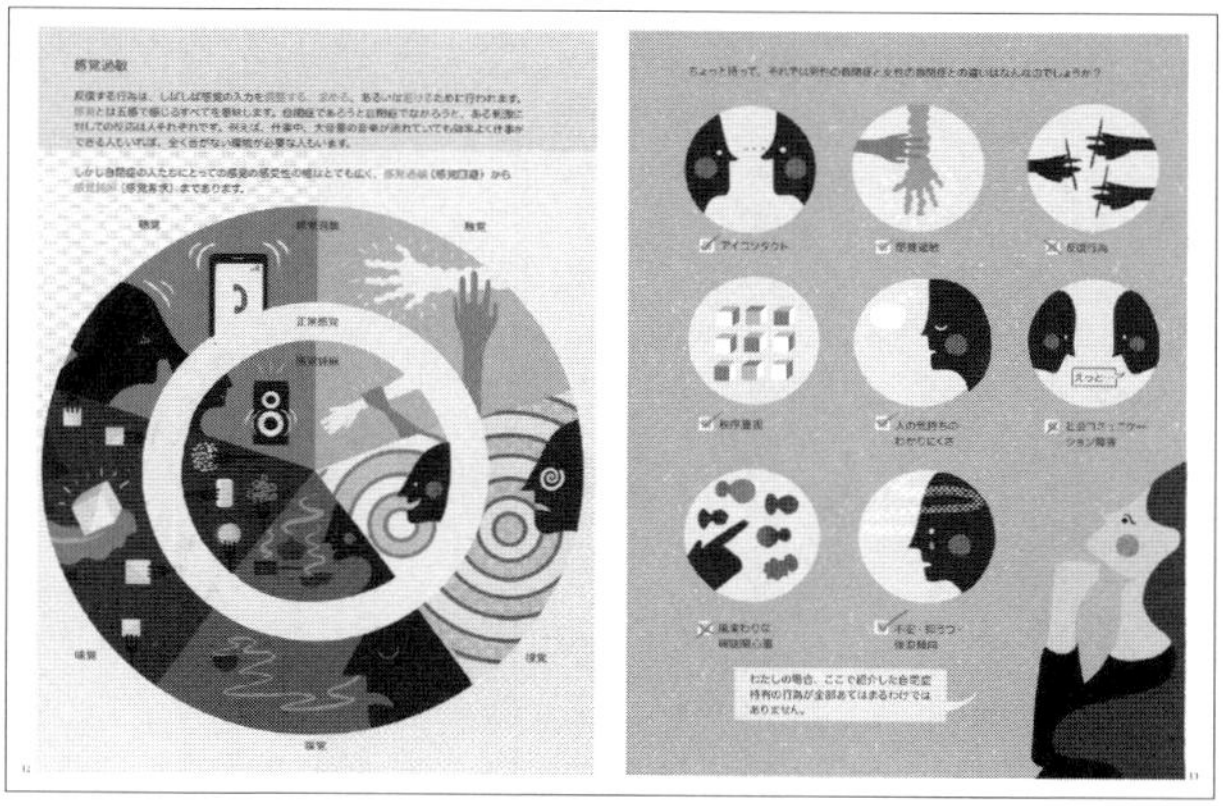

●どうして女性の大人や子どもは、男性の大人や子どもと比べて自閉症と診断されることが少ないのでしょうか？／●社会的コミュニケーションや対人的相互反応／●限定された興味、反復行為、感覚過敏／●男性の自閉症と女性の自閉症との違いはなんなのでしょうか？／●あなたは自閉症じゃない／●正常を装う／●受け身から自己主張へ／●興味関心事に基づいた社会的アイデンティティ／●これからはどんなことが研究されるのでしょうか？

●訳者解説　**田宮裕子**（精神科専門医）／**田宮 聡**（児童精神科認定医）

〈価格は本体価格です〉